Sleeping, Dreaming, and Dying

睡眠、
夢和死亡過程

科學家與達賴喇嘛探討意識問題的對話

Francisco J. Varela

佛朗西斯科・瓦瑞拉 ——————編著

丁一夫 ——————譯　　蔣揚仁欽、李江琳 ——————審訂

An Exploration of Consciousness

1996 年原著首版序言

我們生活在科學技術對我們的生活有巨大影響的時代。科學，這一人類智力的偉大產品，和技術，即精妙絕倫的工具，都是我們偉大天賦的表現，這個天賦就是人類的創造力。科學和技術的功效在一些領域，比如通訊和醫療保健的發展，成果非凡。還有一些效用，比如複雜的武器系統，則具有令人難以置信的毀壞力。

很多人曾經相信科學和技術能夠解決我們的一切問題。然而，最近一些年來，我們看到人們的態度有所改變。現在已經很清楚，僅靠外在的進步並不能帶來心靈的和平。人們開始更多地注意到內在的科學，即人類精神探索和發展的途徑。通過我們自己的經驗，我們已經對內在精神質量的重要性及其價值有了新的認識。因此，在我們的時代裡，古代印度和西藏的學者對心識[1] 及其運作的解釋變得越來越寶貴。這些古代傳統長於滋養精神的和平，現代科學技術長於物質的發展，而這兩者的結合，能夠為人類真正的快樂提供完備條件。

1　譯注：*Mind*，一般譯為心智。但是根據佛教理論，邪見等顛倒識仍是一種「識」，卻無「知」或「智」的意思，所以本書中將佛教論述中的 mind 譯為佛教的術語「心識」，而在其他日常論述中仍譯為心智。

　　我們名之為「心智與生命」的一系列討論會已經進行好多年了。我認為這些討論是非常重要的。在不久以前，很多人還認為一般科學的客觀知識和內在科學的主觀理解是互相排斥的。在心智與生命系列會議上，來自這兩個研究領域的專家們走到一起，交換他們對共同感興趣的話題的經驗和不同觀點。我們欣慰地發現，這樣的會議能夠豐富各自對這些話題的理解。而且，我們的會議不僅表現出禮貌的好奇心，而且充滿了溫暖的開放精神和友誼。

　　在本書所講述的會議上，我們相聚來討論睡眠、夢和死亡過程。這是科學家和觀想[2]修行人都很著迷的話題，也是所有人類的共同經歷。我們都要睡眠。不管我們承認不承認，我們都要做夢。我們每個人都肯定要死亡。雖然這些議題影響我們所有人，它們對我們仍然帶有神祕和迷人的意味。所以，我相信很多讀者將很高興和我們一起分享我們這次討論的成果。我非常感謝會議的所有參與者，再次希望我們將來把這樣的討論繼續下去。

第十四世達賴喇嘛

1996 年 3 月 25 日

2　譯注：觀想（meditate）是佛教的一種重要修行方式，日常生活中常譯為冥想。

2023 年達賴喇嘛尊者中文版序言

　　1955 年我從北京返回聖地拉薩的前一天，與中國領導人毛澤東舉行了最後的會晤。當時毛澤東說：「達賴喇嘛您的思維觀念雖然符合科學理念，但是宗教是毒藥。」雖然我從小就很注重科學，當聽到宗教是毒藥的時候內心仍感到非常震驚，儘管外表依然保持鎮定。1959 年流亡印度後，我就期望著與西方科學家會晤。1973年，我首次與幾位著名科學家會面交流。之後，我就不斷與世界各國的科學界與專業領域的思想家舉行會面、交流、探討。就佛教科學與現代科學領域之間的內容，我們先後進行了歷時近四十年的切磋。這些無疑是東西兩大文明之間的交流，這樣的心智交流研討對雙方都非常有益。如果毛澤東還在世的話，我想他可能也會改變他認為宗教是毒藥的看法。

　　1992 年我在達蘭薩拉與一組西方科學家就人類大腦神經和認知科學方面的問題舉行了討論，這也為「心智與生命」系列研討會奠定了基礎。當時參加研討會的著名大腦神經學家弗朗西斯科·瓦瑞拉整理出了研討會的內容，後來出版了專著《睡眠、夢和死亡過程》。該書在東西方學界引起相當的重視。近來漢人學者丁一夫把這本書翻譯成中文，可以促使漢人學界瞭解和證實我與科學家之間

的研討內容及取得了怎樣的成果，我很讚賞該書的出版。

祈願！

比丘僧：丹增嘉措
藏曆繞瓊 2150 水兔年
西曆 2023 年 4 月 18 日
（翻譯：達珍）

THE DALAI LAMA

[Handwritten text in Tibetan script]

《睡眠、夢和死亡過程》譯者感言

《Sleeping, Dreaming, and Dying: An Exploration of Consciousness with The Dalai Lama》的中文版在台灣出版了。

本書記錄了達賴喇嘛和一組西方科學家 1992 年在印度達蘭薩拉舉行的為期一週的對話會。這是達賴喇嘛和西方科學家對話三十年中極其重要的一次會議。這次對話的組織者，弗朗西斯・瓦瑞拉是當代著名神經科學家，也是一位藏傳佛教修行者。他在會後整理、編輯和出版了這次會議的紀錄。參與這次對話的科學家和佛教界修行者，看到了這種對話的意義，從而開始了 Mind & Life Institute 和達賴喇嘛持續對話的平臺。

在這次對話中，西方科學家和東方佛教智者一起，討論了睡眠、睡夢和瀕臨死亡過程中的大腦和意識。這兩組完全不同領域的智者探索一個共同的難題：意識到底是什麼？這是一個與我們的生存休戚相關，卻從來沒有能得出一個完備答案的問題。

從這個問題進一步引申，又出現更多的問題：意識來自於什麼地方，又去了什麼地方？意識的本質是什麼？當代很多西方神經科學家認為，意識和大腦不可分離，意識是大腦神經元活動的產物。

沒有大腦就沒有意識。大腦如果失去功能，意識就消失了。所以當代醫學有「腦死」的概念。大腦一旦死亡，意識即刻消失，人就可以看作是死亡了。但是這一結論並沒能回答大腦怎麼會產生意識，意識到底是什麼等等根本性的問題。為什麼大腦神經元的活動使人具有那麼複雜的情緒、感情和思維，為什麼人的精神世界如此豐富多彩？

西方歷史上的佛洛伊德精神分析試圖從另一個方向來回答這個問題，但是當代大腦神經科學認為精神分析的方法和結論不能滿足科學的客觀性要求，不符合科學性的標準。

另一方面，藏傳佛教對人類心識的探索和修行，已經有悠久的歷史。達賴喇嘛說過，對外在物質世界的探索研究，當代西方科學遠遠走在東方佛教文明之前，但是對人類自身心識的探索研究，即對意識本質的探討，佛教積累了大量成果，包括理論上的思考和修行實踐的結果。在這方面，是東方佛教走在了西方科學前面。

作為科學家的弗朗西斯・瓦瑞拉同意這一觀點。作為科學家，他理解當代西方科學研究的客觀性要求，即科學陳述必須是「第三人稱」的，科研的對象只能是科研者之外的客體，而不能是科研者自身的體驗和感覺。所以，當代科學規範排斥「第一人稱」的陳述。瓦瑞拉提出，對人類心智的研究，即對意識本質的探索，必須打破「第三人稱」的禁錮。在這個研究領域裡，「第一人稱」的陳述材料，諸如「我感覺到」、「我夢見了」的陳述，只要符合一定的要

求，那麼就是有用的研究材料，是這一領域的科學研究不可迴避的正當途徑。

比如對睡眠和夢的研究，大腦神經科學採用先進的儀器檢測睡夢中大腦不同區域、不同神經網絡的電和化學狀態，這是一種客觀性的「第三人稱」陳述。而睡眠者本人說的「我夢見了」、「我感覺到」，則是「第一人稱」的陳述。這種陳述是以前的科學規範所排斥，因為這種陳述是主觀的，陳述者可能有錯覺，可能撒謊，可能說不清楚或者說錯了。但是瓦瑞拉提出，對意識之本質的研究，必須允許並引入「第一人稱」的陳述。

一旦在這一點上達成共識，西方神經科學家和佛教修行者的對話和合作就建立起了基礎。在本書所記錄的對話過程中，科學家和佛教修行者都深感獲益匪淺。在這次對話後，科學家和修行者漸漸地開始了研究合作，科學家提供先進的儀器設備，對修行者觀想修行過程中的大腦進行檢測分析，修行者既是研究的參與者，也是被研究的對象。他們都同意，有關意識的本質、有關人類自身的心識，我們所不知道的部分遠遠大於我們已知的部分，而他們的合作研究，開拓了人類理解自身心智的領域，有利於通過修行培養慈悲心，以有益於個人和社會。

如今電腦和互聯網科技推動的人工智慧出現了令人讚嘆的成果。即使在人類能大規模採用和得益於 AI 技術的時候，未來的人工智慧會達到什麼程度、會有什麼後果，依然存在至今仍沒有答案

的種種可能性，因為我們仍然還不能回答意識的本質是什麼，人類心識的來龍去脈是什麼等等根本性的問題。此時重溫這三十年前西方科學家和東方佛教修行者的對話，仍然能擴大視野，開拓思維。

作為譯者，我感謝達賴喇嘛尊者為中文版賜序，感謝 Mind and Life Institute 和 Wisdom Publication 的支持，感謝土登晉巴先生的支持和幫助，感謝遠足文化事業股份有限公司出版本書，感謝富察先生，感謝達賴喇嘛尊者的藏中文譯員蔣楊仁欽博士作為本書翻譯的佛學顧問，感謝當代西藏歷史研究者李江琳的審校，感謝本書編輯們的辛勤工作。

丁一夫

2023 年 3 月

目次

第一章：自我中有什麼？

第二章：大腦的睡眠

睡眠、夢和死亡過程

科學家與達賴喇嘛探討意識問題的對話

第一章
自我中有什麼？

自我概念的歷史

從以往同達賴喇嘛尊者對話的心智與生命研討會中，我們得出一個經驗：有一位專業的哲學家來參與討論會上科學議題是非常有益的。這樣做的重要原因是，西藏傳統極為看重哲學領域的思考和訓練，西方哲學家的參與往往能夠提供很有價值的聯繫橋梁，或另一種對西藏傳統來說更清晰、更貼切的表述。針對這次研討會的議題，查爾斯・泰勒作為知名的哲學家和作家，是擔當此任的理想人選。在他新近出版的著作《自我之來源》中，他生動而深刻地描述了我們西方人怎樣思考我們稱為「自我」（self）之物。[1]他開門見山，準確地開始談論這個問題。

「我想談一談西方人理解自我的幾個最重要方面。為此，我要描繪一關於這個概念的歷史的大致發展。我想應該從『自我』這個

1　C・泰勒，《自我之來源》（*Sources of the Self: The Making of the Modern Identity.* Cambridge, Mass.: Harvard University Press, 1990.）

表述本身開始。在我們的歷史中，說『我是一個自我』是件相當新近的事情，是在過去一兩百年裡才出現的。在此之前，我們從來不把反身代詞『自我』和一個定冠詞或不定冠詞（如the或a）放在一起。古希臘人、古羅馬人以及中世紀的人，從不把這個詞作為一種描述性的表達。我們今天可以說，在房間裡有三十個『自我』，而我們的祖先是不會這樣說的。他們或許會說房間裡有三十個『靈魂』（soul），或者別的什麼描述，但是他們不會用『自我』這個詞。我認為這反映了我們對人的主體性理解中一些非常深刻、深植於西方文化的內容。」

「在過去，人們不加區別地使用『我自己』（myself）或「我」（I）這樣的詞，但是『自我』這個詞現在被用來描述一個人是什麼。我永遠不會用『我』來描述自己。我只是用這個『我』字來指稱自己。我會說：『我是什麼？我是一個人；我來自加拿大。』我用這樣的方式來描述自己，但是從 20 世紀開始我可能會說『我是一個自我』。我認為這個很重要，原因在於我們選擇這樣的描述性表達反映了我們認為精神方面或道德方面對人類很重要的東西。這就是為什麼我們的祖先把我們稱之為『靈魂』，因為這對他們來說在精神上和道德上很重要。」

「為什麼人們變得對這樣的說法感到不舒服而轉向使用『自我』這個說法？部分原因是他們發現，在把我們描述為『自我』的時候，有一種精神上很重要的東西。我們擁有某種能力來反思自己，來對我們自己做一些事情，這成為西方人文生活的道德和精神

核心。歷史上，我們有時候稱自己為『靈魂』或『智慧生物』，因為這些概念是非常重要的。現在我們稱自己為『自我』，因為有兩種反思自我的方式成為我們文化的核心觀念，它們在現代西方生活中形成了一種張力，這兩種方式就是自我控制和自我探索。」

「我們先來看自我控制。公元前 4 世紀的偉大哲學家柏拉圖談到過自我主宰。柏拉圖的意思是，人的理性在控制著人的欲望。如果人的欲望控制了人，那麼人就不是自己的主宰。」

「非常智慧！」達賴喇嘛插話。

「有意思的是，柏拉圖所說的自我控制跟現代世界的意思很不相同。對柏拉圖來說，理性是人類把握宇宙秩序的能力，他稱之為『觀念』秩序，這些秩序給了宇宙以形狀。讓理性掌握人的靈魂，就像讓宇宙秩序掌握人的靈魂是一樣的。如果我看到了事物的秩序，我的靈魂就因為熱愛這種秩序而進入了這種秩序。所以，那並非真正意義上的被我自己所控制，而是被宇宙秩序所控制。人並不被鼓勵去向內反省自己靈魂的內容，而是被鼓勵去向外掌握事物的秩序。」

「在公元 4 世紀，基督教的聖奧古斯丁深刻地改變了這一觀念。他受到柏拉圖的影響，但是他的看法很不一樣。他的觀點是，我們可以面向自己的內心，檢查我們內心有些什麼，通過這樣做來接近上帝。我們發現，在事物的核心問題上，我們依賴於上帝的力量，所以我們通過審察自己而找到上帝的力量。」

　　「於是我們有了這樣兩個精神層面的方向：一個是柏拉圖的，是外向的；另一個是奧古斯丁的，是內向的，不過目的仍然是要達到我們自身之外的某種力量，也就是上帝。第三個變化來自於現代西方世界。以 17 世紀哲學家笛卡爾為例。笛卡爾相信上帝，他自視為奧古斯丁的追隨者，但是他對自我控制這個觀念的理解完全不一樣：我作為一個代理而做到的工具性控制，可以掌控自己的思想和感情。我在和我自己的關係中，就像我在和某種工具的關係一樣，我可以用於任何我想要的目的。笛卡爾重新解釋了人類生活，我們把自己看成工具。我們把我們的肉體存在看成是我們可以使用的機器，這種思想出現在產生了對世界的機械論解釋的偉大時代。」

　　「現代的自我控制思想和柏拉圖的思想有很大的不同，因為宇宙秩序已經不再重要，已經與我們無關了。我們不再處於宇宙秩序的控制之下。我現在甚至不再通過內省來超越自己而面向上帝；我有一種自身存在的能力來安排自己的思想和生活，用理性作為一種工具來控制和安排自己的生活。讓自己的思想以正確的方式步驟運作，就像一種我能夠以某種方式加以控制的客觀領域，這些對我來說變得非常重要。這已經成為西方生活處於絕對核心的思想。這是我們將自己看成『自我』的一種方式，因為真正重要的不是我們的感情或思想的具體內容，而是我們能夠通過思考來控制它。」

　　心智與生命研討會的習慣做法是，在講解的過程中，演講者要對達賴喇嘛提出的問題做出解釋。事實上，通過這些問題，讀者可

以清楚認識到西藏傳統和西方傳統之間的鴻溝。此時，尊者禮貌地問道：「你是不是說，這個作為控制者的自我跟受制的身體與心智（body and mind）有同樣的本質？還是說，它的本質不同於身體與心智？」

「對笛卡爾來說，這是相同的，」查爾斯回答說，「但是自我看起來是不同的，因為它本身沒有任何特定的內容。它只是一種控制思想或身體的能力。」

自我探索和現代性

然後討論轉向自我探索。「在笛卡爾發展出這些思想的同時，西方出現了人類另外一個重要的能力：自我探索。這是從奧古斯丁激發的基督教靈性盛行之中產生的，它引導人們面向自我審察，考查自己的靈魂和生命。自我審察的發展也超出了起初的基督教形式，在後來的兩百年中成為非常強大的思想，並且已經成為當代西方世界的一個基本理念，即每個人都有自己獨特的、原初的作為一個人的方式。」

「古代就有自我探索的實踐，但總是始於我們已經瞭知人類的本質這樣一個假設，我們的任務是在自己的內心裡找到我們已知為真實存在的東西。在過去的兩百年裡，我們的假設是，我們大致知道人類本質是什麼，但是因為每個人都有獨特的、原初作為人的方

式，所以我們要通過自我探索來把這個本質從我們內心深處發掘出來。這樣做打開了人類能力的一個被認為是非常重要的全新領域。你怎樣探索自己？你去尋找那些尚未說出、尚未表達的東西，然後找出一種方法來表達。自我表達變得至關緊要。」

「你怎樣找到自我表達的語言？過去兩百年裡，西方世界認為，人們可以在藝術中找到最好的自我表達語言，無論是詩、視覺藝術，還是音樂。現代西方文化的一個顯著特點是認為藝術幾乎具有宗教般的意義。特別是那些沒有傳統宗教意識的人，往往對藝術抱著深深的尊崇。西方的一些偉大表演者光環繞身，廣富盛名，受人崇拜，被人追捧，這在人類歷史上是未有過的。」

「於是我們有了這樣兩種和自我有關的做法：自我控制和自我探索。因為二者都是至關緊要的，我們開始把自己看成是『自我』，自稱為一個『自我』，而不再去想它到底是什麼意思。這兩種做法都屬於同一個文化，但是它們之間也有深刻的衝突，我們的文明一直在為這種衝突而糾結。你到處都可以看到這種衝突。」

「今天你在西方可以看到這種衝突，對世界和自身持有非常嚴格、狹窄、技術性思維的人，和那些以生態健康及開放的名義反對他們的人之間就有這樣的衝突，因為自我控制的技術性立場同時也關閉了自我探索。」

「你也可以從對待語言的態度上看出來。一邊認為語言是一種由心智控制的單純工具，另一邊則認為語言將引向最豐富的人性發

現，語言是人所存在的空間，語言將打開人類本質的最深的祕密。」

「將自我控制和自我探索帶到一起的是它們的共同來源：聚焦於一種自我閉合形式的人類概念。柏拉圖不能理解處於和宇宙的關係之外的人類，奧古斯丁無法理解處於和上帝的關係之外的人類。可是現在我們有了一幅人類的圖景，在這幅圖景中，你可以相信上帝，你也可以去同宇宙發生聯繫，於此同時，你也可以通過自我控制和自我探索的能力，以一種自我閉合的方式來理解人類。這也意味著，在西方的道德和政治生活中，最核心的價值或許是自由，是控制自己的自由，是理解自己是誰，成為『真我』的自由。」

達賴喇嘛再次要求解釋一個關鍵問題：「在這裡面是不是有這樣一種預設，自我控制必然意味著一個自身存在或自治的自我，而自我探索意味著對此有所懷疑？」查爾斯回答說，並不一定如此，自我探索也肯定自我，但是創造了一種可能性，即探索可以超越自我。自我控制的立場則毋庸置疑地認為有一個控制者的存在，例如笛卡爾哲學非常著名的觀點是從如下確定性出發：我，我自己，是存在的。對世界的科學理解的整個大廈，就建立在這種確定性之上。」

科學和自我

在講述了什麼是現代意義上的自我以後，查爾斯將討論帶回到

自我概念和科學傳統的關係上，特別是以往心智與生命研討會涉及
的特定科學模式上。「作為一個例子，我們來看數位電腦模型所建
立的有關理解人類思想的認知心理學。這是一個異乎尋常的想法，
我必須承認，對我們很多人來說是瘋狂的念頭，但是這一思想有巨
大的想像力力量。」

　　「回到笛卡爾本人，他將自我視為一種工具性範疇，也就是
把自我看成某種機器。我們歸根結底是一種機器，這一想法非常適
合於這種討論。與此同時，笛卡爾十分強調清晰的、精心計算的思
維。換言之，當思想遵從某種規則，使得你可以確定每一步都是正
確的，這一步將導向下一個正確步驟，那麼思想就將是最清晰的。
計算機有一個非常精彩的特點，就是它把這種絕對規範的思維過程
同機械體現結合起來了。受西方文化這一方面深刻影響的人不斷地
迷醉於計算機，想要將它們用作人類心智的模型。」

　　「認識自我的另一個方向，是從自我探索的悠久傳統中生長出
來的人類科學。西方語言中發生了一個變化，和諸如『自我』這樣
的詞彙一起，發展出了向內探索的豐富語言。有一些表達，如『內
在深度』，是我們文化的一部分，我很想知道藏語中是否有於此相
似的看法。這個表達的意思是，我們每個人都要對自己進行長期而
且深入的探索，我們認為，在我們內心深處有些東西我們並不充分
理解，我們認為這種深度在我們自己的內心裡。從這裡發展出西方
科學研究的另一條路徑，心理分析就是其中之一。」

「屬於自我探索的另一個自我認知方向就是今日西方的『身分』概念。這又是一個現時用一種前所未有的意思流行於世的詞。我們經常說到發現了『我的身分』，或者說青少年有身分危機，即不知道自己的身分是什麼，以及發現身分過程中的痛苦和衝擊。我的身分就是我是誰。在某種意義上來說，這是一種把自己描述為一個靈性存在的方式，因為當人們談論他們認為他們的身分是什麼的時候，他們實際上是在一個很大的範圍裡談論什麼對他們是真正重要的，什麼是人類生活生死攸關的東西。換言之，每個人的靈性範圍被理解為就是這個人是誰所涵蓋的範圍。這又一次反應了每個人在尋找對自己而言什麼是獨特的。就是在這個意義上，西方正在發生對理解人類自身而進行的新探索。」

「就是在這一點上，西方觀念和佛教觀念發生了非常有意思、非常具啟迪意義的接觸。身分的探討使得我可以徹底重新發現並重新描述我是誰，我可以發現我以前的自我認知並不正確，需要被重新理解、重新描述。此外，正是在這個問題上，有些西方哲學家開始質疑自我作為一個局限性實體的確定性。他們提出了這樣的問題：『單一性的自我真的存在嗎？』這是一個仍在探索的領域，是關於自我本質不確定性的前沿。這一哲學運動部分是對自我控制概念的反彈，自我控制概念似乎總是非常清楚地認為自我是個控制性的實體，從不對其單一性產生懷疑。這一文化戰爭產生了一種自我認知的態度，質疑我們是否能夠控制，質疑我們是否並沒有逃脫了自我的深刻內在資源，從而質疑自我探索可能並不能發掘出未知且

難堪、全新又古怪的東西。」

自我和人文主義

他的講解自然而然到達了結尾，與會者們開始低聲討論。達賴喇嘛的下一個問題不大清晰，典型地顯示了從一種文化傳統跳躍到另一種極為不同的傳統是多麼困難。他的問題是：「對自我的這種強調和人文主義之間，是不是沒有什麼特別的關係？我聽說過『人文主義』這個詞有兩種很不同的內涵。一方面有一種非常正面的人文主義意義，是使自我更為高尚，賦予自我以某種創造力或力量。其結果是，自我看來並不需要以上帝或任何其他外在道德實體為基礎。這個意義上的人文主義似乎是某種正面的東西。另一方面，在完全不同的背景下，人文主義成為負面的，它強調自我，它的環境觀就是把環境看成某種可以被自我操弄和利用的東西。如果是這樣的話，人文主義的這兩種意義怎麼能共存，什麼是這一概念事實上更占優勢的意思？」

查爾斯回答說：「人文主義這個詞一個層面的意思是聚焦於人和人類。就像我在前面說的，自我控制和自我探索這兩種方式使得我們能夠圍繞人類畫一個完整的圈，並且聚焦與人類本身。但是人文主義也有種種不同涵義，其中一些是互相衝突的。您所聽說的人文主義的兩種內涵是西方世界發展的同一硬幣的兩面。相對而言，原初肯定性的人文主義無視人類和世界（cosmos）其他部分的關係。

現在有一種經過錘煉的人文主義，除了其他的涵義之外，這種人文主義增加了自我與世界相聯繫的智慧，但是它不是原初的人文主義。」

　　達賴喇嘛進一步提問：「當你說到世界的時候，人類不是世界的一部分，而不是與世界分離的嗎？如果世界是指外部環境，而人類是指存在於其中或甚至存在於之外的個體，人類是不是仍然被認為是自然元素的產物？」

　　「是的，但是現代人文主義把我們當作工具使用者，這種觀點認為我們周圍的世界是我們能夠也應該加以控制的。最初，笛卡爾等人持有一種非常強烈的二元主義，根據這種觀點，人的靈魂被認為是與世界分離開的；但是後來，您的看法絕對沒錯。另一種人文主義觀點用自然元素的角度來解釋人類，這是一種非常簡化、非常傲慢的控制觀念。確實，我認為這一觀念裡含有深刻的矛盾。但是矛盾的思想有時候持續存在，是因為它深植於文化之中。」

　　「那麼，可以說，人和整個宇宙都可以包含在人文主義這個詞中。這個術語是不是也對神靈的存在持否定的意思？」

　　「一般並非如此，但有一些人用這個詞時有這個意思，」查爾斯回答說。「在英格蘭有一個人文學會，成員的共同點就是他們都是無神論者。另一方面，本世紀有一位偉大的天主教哲學家寫了一本名為《基督教人文主義》的書。」

西方的非自我（Non-Self）

　　茶休期間，達賴喇嘛繼續追問自我和世界的關係。他問圍坐在桌旁的眾人：「笛卡爾似乎是把靈魂定義為總體上獨立於世界，特別是獨立於身體的。那麼，自我的現代意義是什麼呢？自我是不是被看成是獨立的，不同於身體的主體？它和外部世界的關係是什麼？現在自我已經被世俗化了，是不是不再可能繼續把自我看成是獨立於世界的了？」

　　大家都等著查爾斯回答：「從邏輯和抽象的角度來說，把自我想像成單獨的東西是說不通的，但這是一個有意思的問題。理解我們自己的完整方式，是作為科學家或個體的每個人，對身體和世界採取一種控制態勢。這是一種暗喻的自我理解，它和科學主義的明喻主張是衝突的。這是西方形而上學、唯物主義立場的一種實用主義自相矛盾。科學主義理論說，這一切都不過是機械主義，包括自我在內，但是為了得出這一結論，你必須對世界採取一種控制性實體的立場。於是這同一實體對世界具有一種幾乎是天使般的，甚至是上帝般的力量。這是意識的分裂，這種分裂是深刻地非邏輯，但其存在非常可以理解。」

　　達賴喇嘛問道，「在現代西方，當一個人想『我』或『我是』的時候，是不是一定意味著這樣的『我』必須是獨立的或自立的？」

　　查爾斯的回答頗有佛教意味。「如果你問別人，他們會說

No。但是在他們實際的生活方式中，回答是 Yes。而且是非常強烈的肯定，遠比我們的祖先更肯定，我們的祖先是把自己看成更大的世界的一部分。」

喬安‧哈利法克斯插話說，「在自我概念的發展過程中，是否曾經有過一個『非自我』的思想，即事實上人類並沒有一個分離的自我身分？」

查爾斯回答說，「在西方發展史上有過這樣的階段。例如，中世紀的亞里斯多德派學者們認為我們真正重要的一部分，即我們的智力，是絕對共同的東西，沒有個體化。著名的伊斯蘭哲學家伊本‧魯世德（Ibn Rushd Averroes）也是這樣想的，但是他和主流伊斯蘭思想有很大的衝突。正是因為伊本‧魯世德的思想，亞里斯多德主義不能順利進入基督教思想，只是當大阿爾伯特（阿爾伯特‧馬格努斯）和托馬斯‧阿奎那重新介紹了個人智力的思想，它才允許進入基督教。」

大家一邊喝茶，一邊圍繞這個問題又進行了一番討論。到了改換話題的時候了，我們將開始第一個科學專題：大腦在睡眠和做夢時候的狀態。

第二章
大腦的睡眠

神經科學對睡眠的研究

我和查爾斯‧泰勒交換了座位,坐下來,微笑著面對達賴喇嘛,他正專注地看著我。我已經不是第一次坐到熱座上,環顧四周,我仍然被這個特殊場合的氛圍所感動。沉默片刻後,我開始講解。

「尊者,在自我概念有了非常清晰和生動的介紹之後,我想從介紹神經科學對睡眠的研究開始。我同意泰勒教授的話,科學給了我們希望,使得我們能夠把整個心智看成像一部機器一樣來描述。但是科學界還有另外一個潮流,也承認有一些東西是現在的神經機械論不能充分揭示的,這種東西一般是用自我或意識這樣的概念來表達。『意識』是一個『壞詞』,我們把所有我們不能理解的東西統統歸類到它裡面,任何無法像理解電腦或神經系統運作那樣來理解的心智現象都被歸屬於意識。在科學語言中,意識這個詞常常用來描述在最深處、在我們還沒有到達的深度中的東西。我們在這裡討論的時候,瞭解科學內部的這種未解決的緊張狀態對我們而言是

很重要的。」

　　「認識到這一點為什麼與理解神經科學角度來理解睡眠特別相關？對睡眠的所有研究都必然涉及人的身分認定，以及自我和意識的巨大變化。當你睡著的時候，你突然不在了。這自然提出了自我的不確定性這問題，一些神經科學家不願意面對這個問題，更不要說研究整個神祕的做夢現象了。」

早期的觀點

　　「接下來我們談談睡眠的神經科學。回顧對睡眠進行研究的歷史，我們看到，主要的發現都證明睡眠不是消極的。神經科學一開始是從傳統的觀念出發，認為睡眠就是把屋子裡的燈關掉，人沒事可做就會進入睡眠。」

　　「研究的進展很快就明白了睡眠是一種積極的現象。它是一種具有自己法則的意識狀態。佛洛伊德第一個提出睡眠是一個積極的過程。雖然他是作為一個神經科學家開始的，卻走向了另一個方向，轉向了心理學。我們在這個星期後面幾天會談到心理學。大約在 1900 年前後，研究者試圖用心理學來定義睡眠。在 1920 年前後，一位名叫亨利‧皮埃龍（Henri Pieron）的法國科學家提出了現代流行的關於睡眠的觀點，即睡眠的三個性質。第一，睡眠是階段性的生物學必需。第二，睡眠有自己內在產生的週期。第三，睡眠以動

作和感覺功能的消失為特徵。」

「我將跳過其他幾個重要的里程碑，直接跳到和我們有極大關係的發現。1957 年，一組美國研究者描述了今天我們知道的 REM 睡眠狀態。REM 就是快速眼球運動的縮寫。這個發現標誌著今天仍然活躍著的主流研究開始了。」

腦電圖（EEG）基本原理

「1900 到 1957 年間，神經科學得以深度理解腦電現象，這才有可能發現 REM。我們暫且把睡眠放在一邊，先介紹一下用腦電圖（EEG）來記錄人類大腦的電信號。在半個世紀裡，EEG 是探索人類大腦活動的主要非侵入式方法（最近發展起來的大腦成像技術是一種非常重要的補充替代手段，不過讓我們現在集中討論 EEG）。不瞭解這一技術和 EEG 的生物學原理，我們就無法瞭解睡眠的神經生物學過程。」

「由於大腦皮層（大腦的外表層）是由大的錐形神經元（神經細胞）有規則地依次排列組成，所以 EEG 可以記錄大腦的表面電位。這些錐形細胞是組成大腦表面灰質的主要神經元。它們接受通過大腦白質的軸突傳遞的來自其他區域的信號。軸突（神經纖維）傳輸動作電位，即影響交叉突觸或連結點的神經元的快速信號。如果神經元的電活動在某個時間重疊，電位就大到足以在表面得到識別，雖

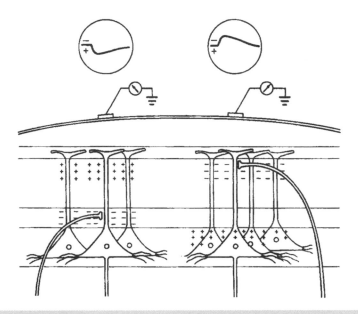

圖 2.1 部分顱骨和下方大腦皮層的橫切面。在圖的左側，動作電位作為軸突誘
　　　導的負電荷出現，在上方樹突出現相應的正電荷，放置在表面的電極顯
　　　示出波型略有偏轉。圖的右側，來自大腦另一個區域的不同軸突輸入誘
　　　導了相反的電模式。（來自 Kandel Schwartz 和 Jessel，《神經科學原
　　　理》，第三版，康涅狄格州諾沃克：艾伯頓 & 蘭格，1991 年，第 784 頁。
　　　經艾伯頓 & 蘭格許可引用）

然是非常微弱的識別（圖2.1）。這樣的電信號大約只有幾微伏特。」

　　「如果具有相反電位的軸突同時活動，那將會發生什麼事？結
果就是記錄到平的電位，因為正電位被負電位抵銷了。這種去同步
化的 EEG 就像人們在雞尾酒會上的談話聲，而同步 EEG 就像人們
在合唱團裡唱歌。在同步化 EEG，很多神經元組合從正電位變到

負電位，沒有發生互相抵銷。其結果是在表面激起大幅度波動。」

「可見，EEG 是很多很多神經元的空間總和。這個總和反映了靠近所記錄的大腦皮層的活動模式。因此 EEG 紀錄是局部信號。它也是間接的：很多不同的神經模式給出了同樣的表面紀錄。現在讓我結束這個抽象的介紹，給您看看我們的同事辛普森博士的腦電波！」

當然我們為此預先做了準備。我話音剛落，格雷格·辛普森就

圖 2.2　通過便攜式紀錄裝置在會議期間演示 EEG 測定。我們的志願者辛普森博士坐在右邊，戴著電極帽，達賴喇嘛尊者看著顯示器。

走進了房間，戴著全套電極帽和晃動的電線。兩位朋友抬進一套帶彩色螢幕的移動式 EEG 記錄儀，安放在達賴喇嘛面前的矮桌上。格雷格坐在達賴喇嘛身旁，被迅速地與 EEG 機器連接起來。一切都很順利，給會場帶來一片歡欣（見圖 2.2）。當會場安靜下來，我俯身給達賴喇嘛解釋螢幕上顯示的三個紀錄點。線路連接得非常好，很容易看出不同的紀錄點，呈現出典型的快速變化的 EEG。我叫格雷格閉上眼睛，以便在枕葉（後部）皮質部位產生較大的波幅，而當眼睛睜開的時候顯示的是較小的波幅。這給尊者留下了深刻的印象，他很快就能不看著格雷格就知道他是否睜著眼睛。

在示範結束時，達賴喇嘛問我，「如果非常安靜地坐著，什麼也不想，完全不思考，或者把思想集中在一點上，這兩者的 EEG 有區別嗎？」

我只能微笑。「您的問題提出了以後十年的一個研究項目。我們不知道怎麼回答您的問題，因為科學家對研究經過訓練的穩定心智狀態還沒有很大的興趣。」於是尊者又問，當人說話的時候 EEG 是怎樣的？我解釋說，說話時的肌肉運動產生的電荷使得 EEG 的顯示不準確。又解釋了幾個問題以後，EEG 機器被搬走，格雷格也取下了電極。我們重新坐到座位上，我繼續正式的講解。

「尊者，恰如您所看到的，就用這樣簡單的設備，您可以看到兩種清醒時候的狀態，一種是警覺的，另一種是放鬆的。運用更多的電極，更複雜的分析，研究者可以探測和區分很多不同的大腦模

式，包括睡眠模式、語言行為、大腦偏側性（右腦或左腦功能）等等。」

睡眠模式

「生物學家非常驕傲的是，他們發現了人類和動物的身體有很多不同的內在週期：荷爾蒙週期、晝夜節律、體溫控制、泌尿系統，以及很多其他週期。它們並不一定是一同作用的，但它們都自動在工作。例如，想一想晝夜節律。我們可以把人置於完全漆黑的洞窟裡兩三個月，完全和外部世界隔絕。他們的白天和黑夜不再能通過太陽光來得知，但他們仍然可以沒有任何外來約束地睡覺和甦醒。在這樣情況下的成人，會一點一點地偏離與太陽光相連的週期，漸漸進入他自己的內在週期，這一內在週期在不同的對象中有所不同。典型的成人的週期是二十五小時。」

尊者問道：「這種週期的改變是因為這人的思維、想法和期望而發生，還是本質上是純粹的生理變化？」

我只好又笑了。「對人進行這樣的實驗而不產生期望是很難做到的。實驗的結果有很多差別，這種差別無疑受到受試者性格的影響，但這是一個非常難以展開探索的領域。」

「受試者一直是躺著嗎？」

「不是的。當他醒著的時候，他可以探索洞穴裡的環境。他

可以打開一盞小燈，做一些活動比如做飯。還有一些比較極端的實驗，受試者被置於完全的漆黑之中，只能像單獨監禁的囚犯一樣坐著。所有這些實驗的結果都有一些差別。但是西方成人平均而言有25小時的週期模式，雖然不同個體之間有相當的差別。」

「一直到最近，占統治地位的思想還是把睡眠看成是簡單關閉機器的開關，讓機器冷卻下來。現代對睡眠的研究始於睡眠有內在週期這一發現。這個發現引出了對探索這個週期中各階段的詳細模式，為此 EEG 的使用是非常重要的。」

「我們從睡眠的不同時間段記錄的 EEG 模式可以看出，在睡眠的時候，EEG 模式並不是不變的：睡眠是階段性的（圖 2.3）。清醒時候的 EEG，就像您所看到的辛普森博士的腦電圖，裡面混合

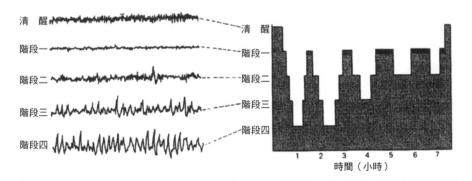

圖 2.3 此圖顯示一個正常成年人的睡眠時間，以及各個階段腦電圖的紀錄樣本。（引自 Kandel Schwartz 和 Jessel，《神經科學原理》，第 3 版，康涅狄格州諾沃克：艾伯頓 & 蘭格，1991 年，第 794 頁。經艾伯頓 & 蘭格許可使用）

著各種頻率的週期。其中有大約 10 赫茲左右的較高振幅的波。這些是所謂 Alpha 腦電波。習慣上我們用希臘字母來命名不同頻率的波，例如在正常的清醒狀態 EEG，我們從來沒看到 delta（大約 2-4 赫茲）的高振幅慢波。當一個人睡著的時候，這樣的模式變化是相當顯著的。」

「在睡眠的第一階段，腦電波的波幅大為減小。主導的週期是混合的，但仍然像 alpha 波，大約 12 到 14 赫茲。這個階段持續下去，主導頻率進一步降低為大約 2 赫茲（delta 波，而波幅的增長很明顯地進入了高峰，這是典型的深度睡眠，是此人上床入睡後大約五十分鐘。雖然沉睡著，此人仍會翻身改變姿勢，所以肌肉緊張度仍是活躍的。這個階段仍然沒有夢。在這一段時間裡，受試者是處於非 REM 睡眠。」

「人類睡眠模式隨後發生的是，腦電波的階段性倒了過來，從階段四返回到階段三，然後階段二，由此進入了完全不同的狀態，即與夢有關的 REM 睡眠或異相睡眠[1]。在夜間入睡的最初二到三小時，占主導的睡眠模式是時進時出的深度睡眠。但是接近黎明時，

1　譯注：異相睡眠（paradoxical sleep）是睡眠過程中的一個時相，此時相為在睡眠過程中週期性出現的一種激動狀態。腦電圖與覺醒時的相似，呈現低振幅去同步化快波。雖然各種感覺機能進一步減退、運動機能進一步降低、肌肉幾乎完全鬆弛、運動系統受到很強的抑制，但植物性神經系統活動增強，如血壓升高、心率及呼吸加速、腦血流量及耗氧量增加等。此外，在此時相內還會出現間斷的陣發性表現。例如頻頻出現快速的眼球運動、四肢末端和顏面肌肉抽動等。

REM 睡眠成為主導，深度睡眠消失了。可見睡眠不是一種單一狀態，也不是隨機變化。這是一種隨著時間而十分有規律的模式，包括若干種獨特的人類意識狀態。」

　　講到這裡，需要做一番解釋了。尊者問道：「每個人都是這樣嗎？從階段一到階段二，再到階段三，這樣變動的時間因素是什麼？」

　　「是的，這是一種基本的人類機制。轉變的時間非常快速。你可以在五分鐘內從清醒狀態進入階段一，有些人需要十五分鐘或二十分鐘。有時候從階段一到 REM 的轉變可以更快，但總是要經歷四個階段後再返回。從清醒狀態到階段一的個體差別，比從階段四往回返的個體差別要更多。」

　　「從清醒階段到階段一，個體之間有差別這點很清楚，但是從階段一轉向階段二、三、四，是不是對所有人都有一個一般性的規則，還是也存在個體差別？」

　　「轉換時間是不同的。不變的是，你不能跳過任何一個階段。」

REM 睡眠的特性

　　我繼續講解。「我來進一步解釋一下 REM 是什麼意思。在圖 2.4 中我們看到從兩個人（A 和 B）記錄到的腦電波，他們剛從清

醒狀態滑入階段一。除了 EEG 外，還從外部採集了兩項電信號：EOG 是所謂的眼電圖，它顯示了眼球的運動。EMG 是肌電圖，它顯示了骨骼肌的運動控制水平。」

「圖 2.4 中 A 是正常人的模式。請注意 EEG 在各轉變點上沒

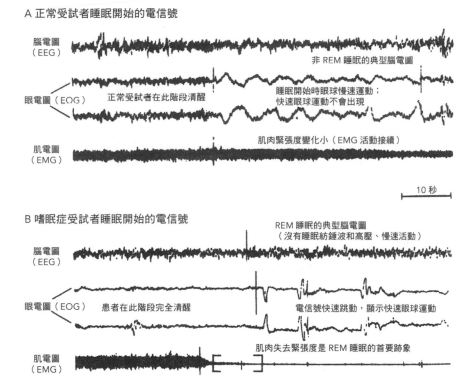

A 正常受試者睡眠開始的電信號

腦電圖（EEG）

非 REM 睡眠的典型腦電圖

眼電圖（EOG）　正常受試者在此階段清醒　睡眠開始時眼球慢速運動；
快速眼球運動不會出現

肌電圖（EMG）　肌肉緊張度變化小（EMG 活動接續）

10 秒

B 嗜眠症受試者睡眠開始的電信號

REM 睡眠的典型腦電圖
（沒有睡眠紡錘波和高壓、慢速活動）

腦電圖（EEG）

眼電圖（EOG）　患者在此階段完全清醒　電信號快速跳動，顯示快速眼球運動

肌肉失去緊張度是 REM 睡眠的首要跡象

肌電圖（EMG）

圖 2.4 正常受試者和嗜眠症受試者在睡眠開始時記錄的電信號。（引自 Kandel Schwartz 和 Jessel，《神經科學原理》，第 3 版，康涅狄格州諾沃克：艾伯頓＆蘭格，1991 年，第 794 頁。經艾伯頓＆蘭格許可使用）

有很大的變化。只是波幅稍有降低。相比之下，EOG 變化很大，信號變慢顯示眼球轉動得慢了。肌肉緊張度的變化非常小。」

　　「在圖中的 B，我們看到一個患嗜眠症的人的睡眠模式。嗜眠症患者不能控制想睡的欲望，即使是在說話和吃飯的時候也是如此。這是一種非常令人尷尬、非常不方便的病症。在此例中，就在睡眠剛開始的時候，EOG 顯示電信號的快速跳動，顯示快速眼球運動。肌肉失去緊張度，所以顯示平坦的 EMG。另一方面，EEG 幾乎沒有什麼變化，這就是為什麼早期研究者稱之為異相睡眠的原因：EEG 顯示他還醒著而實際上此人睡著了。似醒而睡的這三種特性：醒著一樣的 EEG、快速眼球運動、平坦的 EMG，這是典型被稱為 REM 睡眠的特性。我們從前面的 EEG 看到，除非你從緩慢睡眠階段四往回倒，否則是不會正常進入這個狀態的。但是嗜眠症患者是直接進入 REM 睡眠的，這並不正常。不過，這些圖像的連續紀錄出色顯示了睡眠的所有條件。」

	非快速動眼期（Non-REM）	快速動眼期（REM）
眼電圖（EOG）	慢速眼球運動	快速眼球運動
肌電圖（EMG）	緩和活動	肌肉失去緊張度
大腦活動	減少	增加
心跳	變慢	不變
血壓	降低	不變
腦血流	不變	增加
呼吸	減少	增加、易變

表 2.5 非 REM 睡眠和 REM 睡眠的不同

　　「為了顯示這些人類意識狀態的更完整圖景，我們把非 REM 和 REM 睡眠同清醒狀態做了比較（表 2.5）。通過檢查諸如大腦活動、心跳次數、血壓、腦血流和呼吸等特性，您可以看出整個人體在這兩類睡眠時處於完全不同的狀態。大腦活動是對大腦總體電活動量的測定。在非 REM 睡眠中，大腦變得更安靜。有意思的是，在 REM 睡眠中，大腦活動却比清醒的時候更活躍。這個發現和以前認為睡眠是消極的直覺看法完全相反。相對於清醒狀態，在非 REM 睡眠時心跳略微緩慢，而在 REM 睡眠時沒有變化。腦血流是大腦中血循環的總量，這是在測定大腦需要的氧和營養。在 REM 睡眠中腦血流明顯增加，這證明大腦處於十分活躍的過程中。最後，呼吸在非 REM 睡眠中稍有減緩，而在 REM 睡眠時各不相同。總而言之，這裡有一個非常清楚而明確的模式。在非 REM 睡眠中，有連續展開的各個階段，但是從非 REM 睡眠到 REM 睡眠的轉變是突變的。」

做夢和 REM

　　「為什麼 REM 睡眠狀態那麼重要？大腦的 REM 睡眠模式對應做夢的狀態。當你把人們從 REM 睡眠狀態中叫醒的時候，八 80% 以上的人會說他們正在做夢，而且他們能夠告訴你他們正夢見什麼。如果你把他們從階段四狀態中叫醒，說正在做夢的人一半都不到。」

尊者問道：「你是不是在說，即使在非 REM 睡眠階段，人還是可能在做夢的？」

我知道尊者會提這個問題。「是的。這還依賴於你怎樣來評估主觀報告，不過，大約一半的人從非 REM 睡眠中醒來時報告他們正在做夢或有某種精神活動，這點是被普遍接受的。很多人說他們在思考，而不是在做夢。他們報告說有某種精神性經歷或活動，但是一般沒有像做夢那樣完整的故事品質。」

「在 REM 睡眠和做夢狀態之間，是不是只有微弱的關係？」尊者堅持問。

我試圖用含混的方法來回答這個問題。「這取決於您怎樣確立您的準則。從階段四醒來的人會說『我正在想著什麼』，或說『我正在思考一件事情』，但是從非 REM 睡眠中醒來的人很少報告一個完整生動的故事，比如『我夢見自己像一隻鷹一樣在空中飛翔，從空中看到了我的家。』在非 REM 睡眠中的狀況更像一種精神性活動而不像是在電影裡。即使是在從清醒到入睡的階段，有時候也會有閃過簡短的意象，叫做睡前幻覺。這種突然出現的想像，無論是視覺的還是聽覺的，也會出現於被置於黑暗中的人。所以，說夢只在 REM 睡眠中才發生是不公平的，因為另有一些像夢一樣的經驗，也發生於其他的睡眠階段。但是生動的、視覺的、像故事一樣的夢，則典型地發生在 REM 睡眠階段。」

「在一個完整的晝夜週期中，REM 睡眠占 20-50％的時間。

從神經科學的視角來看，我們每夜都做夢，雖然我們經常不會有夢境。睡眠模式的經典序列通常發生在白天的第二次睡眠。這叫做兩階段睡眠週期。在早晨九點鐘，經過一夜好眠，一個正常的年輕成人需要十五分鐘重新入睡。但是大家都知道，在下午兩點鐘午休的時候，那是很容易入睡的時間。此外，老人進入睡眠的時間通常比年輕人短五分鐘。」

從演化論的視角看睡眠

「我想提出兩點來說明 REM 睡眠在動物生命史中極端的重要性。如果 REM 睡眠或做夢只是人類才有，那麼動物應該是沒有的。然而非常有意思的是，其他靈長類動物具有和人類幾乎相同的睡眠模式。牠們有相同的週期，具有同樣的階段性。跟我們最近的動物近親中，情況更有趣，因為幾乎所有大型哺乳動物都有 REM 和非 REM 睡眠。」

達賴喇嘛立即插進來問什麼是例外的情況。我說食蟻獸是沒有 REM 睡眠的。他大笑道，「這可能是因為牠們吃的東西不一樣！」

「另外很有意思的是，人類一般是躺著睡覺的，貓是捲縮著睡覺。大部分的狗睡覺時會伸直腿。老虎喜歡在樹上睡覺。大象是站著睡覺的，河馬在水裡睡覺。牛能夠睜著眼睛睡覺。海豚一邊游泳一邊睡覺，因為牠們只有一半的大腦在睡眠。有些動物睡眠時間很

短。比如大象平均每天只睡三‧二小時。老鼠則每天睡十八到二十小時。有一個有趣的情況：你越小則睡得越多。」

「有些動物，像老鼠，從醒著到入眠非常快，迅速通過四個階段，然後快速進入 REM 睡眠，牠們的 REM 睡眠階段非常短促。還有一些動物有非常長的 REM 睡眠階段。各種動物的差別很大。有些動物，比如海豚或站著睡覺的牛，在睡眠中並不失去肌肉緊張度。所以，雖然 REM 和非 REM 睡眠在哺乳動物中普遍存在，其表現卻適應於動物的特殊生命形態。對於生物學家來說，這就意味著演化發生了不可思議的作用來無數次重構大腦，以保持 REM 和非 REM 睡眠，使之形成不同的模式。不管是走著、站著、改變姿勢，方式千變萬化，但是都有 REM 和非 REM 睡眠。同樣的基本狀態以很多種形式出現，表明這個狀態十分重要，因為演化不讓任何哺乳動物（除了食蟻獸之外）失去這個狀態。」

「那麼，哺乳動物之外的其他動物又是怎樣呢？如果我們追溯演化過程，要追溯到什麼階段仍然可以發現 REM 睡眠和非 REM 睡眠模式的存在？哺乳動物和鳥類都是從爬行動物演化而來。鳥類大多是站著睡覺的，而且有 REM 睡眠。有些生物學家猜測那些連續飛行很多天的候鳥能邊飛邊睡，就像海豚邊游邊睡一樣。牠們在遠距離飛行的時候做著夢。」

尊者睜大眼睛問道。「這一點得到證實了嗎？」

「還沒有，這只是一個假設。既然牠們有 REM 睡眠週期，而

且有些鳥類要一連飛幾天，所以這是一個邏輯推論。鳥類顯然是獨立發展出了 REM 睡眠，因為爬行動物似乎沒有表現出 REM 睡眠。雖然沒有證據表明爬行動物有 REM，事情卻有一點複雜。我們是將電極在大腦皮層識別出典型的 REM 睡眠腦電波，但是爬行動物，和哺乳動物之前的所有動物一樣，沒有我們那樣的大腦皮層。同樣的腦細胞卻不是以同樣方式排列，所以我們並不是完全清楚爬行動物是不是有 REM 睡眠。但是從爬行動物這個層次以上，所有動物都有 REM 睡眠、非 REM 睡眠和清醒狀態，都會做夢，這是毫無疑問的。對於生物學家來說，這是一個涉及睡眠和做夢根本性質的重要論點。」

為什麼我們要睡眠？

達賴喇嘛立即提出下一個邏輯性的問題：「既然 REM 睡眠被證明在演化過程中是非常關鍵的，那麼有沒有確定 REM 睡眠在生理學上到底是為了什麼？」

「這是一個至關緊要的問題：我們為什麼要睡眠和做夢？這樣做的目的是什麼？神經科學為此爭論了很久，但是對這個問題有兩個基本的回答。有些人認為睡眠是一種恢復和補充的方式。不過，雖然這在直覺上是對的，但至今沒有人找出到底我們在睡眠時補充了什麼。你在睡眠的時候消耗了相當多的能量，事實上 REM 睡眠的時候比清醒的時候消耗更多的氧，所以這不是簡單地讓機器冷卻

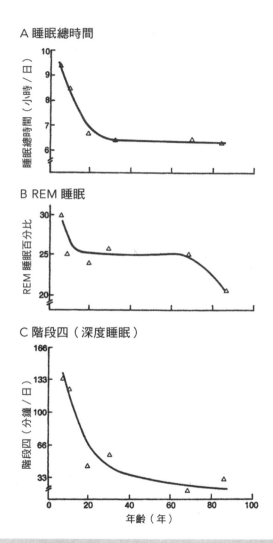

圖 2.6 花在睡眠和快速眼動睡眠中的時間，從出生到老年，通常以一種特有的
模式減少。（引自 Kandel、Schwartz 和 Jessel，《神經科學原理》，
第 3 版，康涅狄格州諾沃克：艾伯頓 & 蘭格，1991 年，第 796 頁。經
艾伯頓 & 蘭格許可使用）

下來。因為 REM 是如此活躍的狀態，我們如何在睡眠的時候補充、恢復或更新我們自己，這一點並不是一目瞭然的。」

「另一個答案認為 REM 睡眠就其根本而言是一種認知活動，我認同這一點。在 REM 睡眠的過程中，人們可以進行想像的經歷，試行不同的劇情，學習新的可能性；這是一個更新的空間，可以出現新的模式和關係，不管經歷了什麼，都可以再次詳解。這種觀點相當接近心理分析的某些觀點。做夢提供了一個空間，你在那裡不需要應付當下的現實，卻可以一再地想像、設想、構思。這是一種排演的方式，讓你嘗試新的可能性。我很想知道，在佛教中是不是也這樣來思考夢的本質。對於像爬行動物或昆蟲這樣的動物，牠們不會迅速學習，不大會改變行為，做夢對牠們而言就不是那麼重要，雖然這樣說的時候我們必須非常小心。因為昆蟲沒有大腦皮層，所以我們無法確知昆蟲是否睡眠。」

「另有一系列證據似乎支持這一認知解釋，那就是一生中做夢的模式（圖 2.6）。成年前的小孩有 80％的睡眠時間是 REM 睡眠，新生嬰兒花 50-60％的睡眠時間在 REM 睡眠上。我們都知道，小孩一天要睡十五到二十個小時，REM 睡眠似乎是成長的必須，無論是生理上還是精神上的。對我來說，這證明了睡眠中認知想像的重要性。在六十五歲以後，人就睡得少了，做夢也少了。」

「這是一個非常吸引人的想法，但還遠遠不是一致認同的標準答案。有些人還有更激進的想法：做夢只是隨機的神經活動，並無

任何意義，或者認為做夢和睡眠都和節約能量、避免運動有關。這不是一個簡單的問題，因為動物在警覺和清醒的時候也保存能量。這個問題仍在爭論之中。」

　　我需要結束我的演講了。「睡眠研究是一個很大、很活躍的領域，新的發現正在進一步詳解我們剛才討論的現象。[2] 例如，最近的研究清楚顯示了大腦中不同的神經元組合能開啟 REM 睡眠、非 REM 睡眠或清醒狀態。這些神經元大多是在腦幹和大腦皮層，改變肌肉和眼睛的活動狀態的指令就是從這些地方發出的。我們可以在動物實驗中人工刺激這些神經元組合。REM 睡眠、非 REM 睡眠和清醒狀態的開啟分別對應於不同的傳遞物質，不過它們有複雜的模式。並不是一些簡單的開關。」

　　「在這樣複雜的大腦系統中，很多事情會出錯。有三種主要的睡眠失調：失眠症，患者睡得太少，不容易進入非 REM 睡眠；睡眠過度症，患者像嗜眠症一樣睡太多；異態睡眠症，患者睡得不是太多也不是太少，而是一種斷斷續續的模式。夢遊就是這樣的例子。這種複雜而多樣的睡眠失調，有些是生理上的，還有一些是心理上的。當人處於壓力過大或抑鬱狀態時，睡眠就會受到影響。差不多的情況是，睡眠有問題人也會有一點輕度的精神性失調。」

2　比如說，有興趣的讀者可參考 J. A. Hobson 的著作《睡眠過程中的大腦》（*The Sleeping Brain,* New York: Penguin Editions, 1991.）

西藏傳統中的睡眠

我結束了我的講解。我們都停下來，整理筆記，喝茶。然後我開始主持這段會議的討論階段。對我來說，這是個頗有難度的時刻，因為科學致力於一種源於科學方法的非人格化表達，在此情況下，第一人稱的陳述和個人的洞察缺乏經典意義上的科學「客觀性」。這就是為什麼有些西方科學家在接觸到意識這個概念的時候感覺無所適從，因為意識明確無誤，無法逾越地屬於第一人稱。我們心智與生命研討會的一個願望，怎樣用一種非教條的方式來探討既尊重科學，也尊重實驗觀察的思想和新方法，最終克服西方人第一人稱陳述的反應。

近千年來，藏人一直在探索做夢這種現象。他們有一個重要的傳統，源自 11 世紀的印度瑜伽師那洛巴，[3] 後來傳入西藏，形成那洛巴六法瑜伽。六法瑜伽中有一項專門對夢的修行，後來的修行者和理論家在他的知識基礎上加以提高，成為一種非常精細的修行藝術。

「我剛才給尊者簡單介紹了睡眠的心理學，我很好奇，在西藏的傳統中睡眠和夢的意義是什麼。是不是有種觀念認為，不同種類的夢是源於不同層面的意識？我們為什麼要做夢，對此問題有答案

3　譯注：那洛巴是 11 世紀印度的佛教僧侶，曾居於那蘭陀寺，是一位密教上師和大成就者，其祕法經阿爾巴及阿底峽傳入西藏，形成那洛六法傳承，西藏噶舉派傳承源自於他。

嗎？」

尊者回答：「據說是有一種關係，一方面是夢，另一方面是身體的粗糙和細微層面。但是也有人說，存在著一種『特殊的夢狀態』。在這樣的狀態下，從心識和身體的活力能量（梵文叫 *prāṇa*）中產生了『特殊的夢身』。這個特殊的夢身可以和粗糙的物理身體完全脫離，自行前往其他地方。」

「發展出這種夢身的一個方法，是首先在夢發生的時候要認識到這是夢。然後，你發現夢是可塑的，而你可以做出努力來控制夢。漸漸地，你對此越來越熟練，控制夢的內容的能力在增加，你可以隨心所欲地做夢。最後就有可能把你的夢身從你的粗糙物理身體脫離開來。相比之下，在一般的做夢狀態下，夢是在身體裡面發生的。但是在經過特殊的訓練以後，夢身可以去其他地方。這是第一種技術，借助渴望或者心願的力量得以實現。」

「還有一種技術是通過 *prāṇa* 瑜伽來實現。有一些觀想修行方式是利用身體裡細微的活力能量。這些技術也要求當夢發生的時候意識到這是在睡眠狀態中。」

「有些人似乎天然擁有這種能力，不需要任何專門的修行。例如，去年我就遇到一個生活在尼泊爾的藏人，他告訴我一個有關他母親的故事。有段時間之前，他母親告訴周圍的人，說她會有一段時間一動不動，請大家不要碰她，不要擾動她的身體。他們沒有說在她當時是否在呼吸，但是有整整一個星期的時間，她的身體確實

是完全不動的。當她醒來的時候，她說在她身體不動的時候，去過好些地方。也就是說，她隨著她的夢身一起有過離體經驗。因此，在特殊的夢狀態，人似乎可以利用一種非常細微的身體，脫離粗糙的身體，獨立地旅行。」

這個回答似乎一下子就進入諸如「離體經驗」和「夢身」這樣非同尋常的邊緣概念。我們在西方生活的多數人從未聽說過能夠脫離身體的夢身這樣的經驗，我擔心我們可能會在跨文化的接觸中迷失了。我們在此開會的一個主要目的是奠定一個共同的場地，使得兩種傳統能夠在這個共同場地上獨立共存。這是我們系列對話所要面對的最重要的挑戰，而最後的互動就完整地呈現出這一挑戰。所以我本能地把討論引回到更可能達到共識的地方：「當夢發生的時候意識到這是在夢中，這種意識在 REM 睡眠狀態和非 REM 睡眠狀態之間有沒有區別？」

尊者的回答引述了藏傳佛教中的一種旨在達到覺悟的高深教法，稱為密宗，或金剛乘。他說，「你在前面提到了在 REM 睡眠之前的四個非 REM 階段。在佛教的密宗裡，進入睡眠的過程分成四個階段，最後達到所謂的睡眠的明光。[4] 從這種睡眠的明光，你進入 REM 睡眠的夢狀態。」他的臉上出現一種很開心的表情，隨後就快樂地笑了起來，引得全場大笑。「你剛才說四個睡眠階段以一種固定的、不可變更的順序發生。沒有經過觀想訓練的人也不能

4　譯注：英譯 Clear light，中文亦譯「光明心」。

辨識在佛教密宗中描述的這四個階段是否是不可變更的。可是，經過高深密宗觀想修行的人，可以辨識出入睡的這四個階段的嚴格順序，為死亡過程呈現的類似順序做好準備。在做夢的時候意識到夢，比無夢睡眠的時候意識到無夢睡眠要容易一些。如果你能夠在夢中意識到夢狀態，那麼你就可以觀想，並且有意地降低心識的粗實水平，再次返回到明光睡眠。這時心識的最細微水平，即睡眠的明光，是容易確定的。」

這時我插進一個問題：「可是，當入睡的時候，一般人都沒有知覺了，沒有可能確定任何東西。」

他回答說，「是這樣。經過這種轉變而沒有變得無知無覺，是瑜伽修行者的最高成就之一。但是在睡眠心理學和西藏傳統之間可能有一個不同的地方。根據佛教密宗，當你從夢狀態醒來，這四個階段是以相反順序重複一遍。這一過程發生得很快。你還沒有提到神經科學的睡眠研究裡有任何像這樣的狀況。你提到從 REM 睡眠狀態回到甦醒狀態，但是在這兩者之間有沒有重複那四個不同階段？」

這是對我展示的資訊做出的有趣觀察。我再次演示四個階段順序圖（圖 2.3）。「從 REM 睡眠直接返回甦醒。我們從經驗得知，REM 睡眠是離甦醒最近的階段。在睡眠週期中，你在夜間的最後的一部分不會進入深度的緩慢睡眠。你停留在淺眠中，從 REM 睡眠直接降到階段二，然後升到 REM 睡眠，再返回階段二。根據科學觀點，如果你在階段四，你必須是已經經歷過階段三，然後階段二。如果

你在階段三，你必須是已經經歷過階段二和階段一，但是你可以輕易地從 REM 睡眠直接跳到階段一，再從階段一跳到 REM 睡眠。」

達賴喇嘛說，「睡眠心理學的觀點可能更接近西藏早期一個古老學派學者的觀點。」他提醒我們，佛教和今天的多數活躍的文化傳統一樣，從其起源到現在經歷了巨大的演變。「四個階段最後達到明光，然後你倒退前三個階段，從明光退回到夢狀態。在後來的文獻裡，這個觀點似乎有了改變，特別是涉及中間的 *bardo*[5] 狀態和那洛巴的六法瑜伽，這種瑜伽的起源可以回溯到馬爾巴。[6]」

那洛巴是著名的密宗修行者，他 11 世紀生活在印度，是馬爾巴的老師。馬爾巴是藏人，兩次前往印度學法並帶回到本國。馬爾巴後來成為藏傳佛教新譯派傳承的主要創建者，新譯派日後發展成很多不同學派，有些到現在仍然很活躍。佛教中的眾多派別讓我想起科學界，在科學界裡也有不同觀點長期共存的現象。

達賴喇嘛說，「巧的是，藏傳佛教把睡眠看成一種滋養的方式，就像食物一樣，能夠在身體裡儲存，讓身體恢復。另一種滋養是三昧，[7] 或專注觀想。如果你修行專注觀想到足夠精深的程度，這種

---

5 譯注：Bardo，中有、中陰。
6 譯注：馬爾巴是藏傳佛教後弘期的重要譯經家，將時輪金剛等密法傳入西藏，是噶舉派的第一位上師。
7 譯注：*Samādhi*，又譯三摩地、三摩提，意譯為等持、正心行處、心一境性，為佛教術語，意指專注於所緣境，而進入心不散亂的狀態，皆可稱為三摩地，因此又可譯為「止」、「定」、「禪定」。

觀想本身就能滋養身體。雖然睡眠是身體維護之必需，但是睡眠怎樣有益於人卻並不清楚，除非將夢用於觀想修行。佛教對夢的理解是，夢來源於身體不同細微程度之間的連接，身體有粗糙的層面、細微的層面和非常細微的層面。但如果你問我們為什麼做夢，做夢到底有什麼益處，佛教裡並沒有答案。」

然後他提出了一個引起他好奇心的問題：「我們將 REM 睡眠和非 REM 睡眠四個階段區分開來。當你處於 REM 睡眠的時候，非 REM 睡眠的階段四的意識狀態是自動持續，還是被打斷了？」

我回答說，「這是一些不同的狀態，當我處於 REM 睡眠狀態的時候，我有一種意識模式。當我的心智—大腦改變了，我就有另一種意識模式。我不需要假設另一種意識狀態在繼續。我傾向於認為這些是大腦和身體調整產生的性質。」

「在 REM 睡眠之前一定有非 REM 睡眠嗎？」尊者堅持問道，「西藏佛教認為，為了進入睡眠狀態，先決條件是睡眠的精神因素已經出現，不管有沒有夢，睡眠都可以發生。但如果夢出現了，睡眠的精神因素是必定存在的。睡眠的精神因素是夢的基礎，也是無夢睡眠的基礎。有一位西藏學者在著作中作出了幾乎是矛盾的陳述，說在深度睡眠中是沒有睡眠的，因為此時沒有自知或意識。所以，睡眠作為一種精神因素，在深度睡眠中是不存在的。」

他期待地看著並等待我回答。我回答說，「神經科學家會說，也許你得對 REM 睡眠和非 REM 睡眠的兩種精神因素分別作出定

義。但是，如果我們稱任何自發的精神或視覺意象為夢，那麼夢就
發生在所有三種狀態中：清醒狀態、REM 睡眠和非 REM 睡眠狀態。
你可以是清醒但產生幻覺；你可以在入睡時帶著入睡前的影像；你
可以在非 REM 睡眠中做著有精神內容的夢；你可以在 REM 睡眠
中做著經典意義上的夢。但如果我們把夢定義為生動的、像故事一
樣有連續情節，那麼夢就更是一種 REM 睡眠現象。」尊者點點頭，
似乎在思考這個建議，思考著科學和佛教的阿毗達磨精神作用理論
是否可以互相切磋砥礪。

夢與死亡中的瓦解

彼得·英格爾希望參考 Lati Rinbochay 和 Jeffrey Hopkins 的著
作《藏傳佛教中的死亡、中陰狀態和重生》（*Death, Intermediate State,
and Rebirth in Tibetan Buddhism*. London：Rider,1979），以更廣泛的視野來
討論睡眠、夢和死亡的話題，在準備這次研討會期間，我在與會者
中傳閱了大量書籍資料，有些是會議參加者的出版物，有些來自藏
傳佛教界，還有一些是我們感興趣的題目。Lati Rinbochay 和 Jeffrey
Hopkins 的著作探討了具爭議性的死後經驗問題，這是指死亡後到
重生前的中有[8]狀態，藏語中叫做 *bardo*，即中陰[9]。

8　譯注：佛教術語，直譯為中間狀態。生命輪迴的三個階段是死有、中有和生有。
9　譯注：又稱作中蘊、中有、中有身、中陰身，佛教術語，意指生命在死亡之後，
　　到下一期生命開始之前的中間存在狀態。是生命輪迴的一部分。

　　彼得用他的低音開始講解，「這本書中討論了死亡的各個階段，這些階段隨後在過渡到轉世期間又以相反的順序重複一遍。它說，睡眠本質上是死亡過程的預演。我對它描述的睡眠和死亡之間的相似性感到震驚。它還列舉了這些步驟發生的兩種情況：觀想狀態和性高潮狀態。我想對此有更多瞭解，因為觀想狀態和睡眠狀態在神經學上很不相同，而說到性高潮我就更困惑了。佛教的睡眠概念和科學對睡眠的觀察，兩者之間有可以比較的步驟，對此我深感驚奇，但是在佛教觀念裡，觀想狀態中有哪些步驟類似於睡眠？性高潮又怎樣適於其中呢？」

　　達賴喇嘛回答說，「當你入睡時和當你瀕死時的經驗都來自於各種元素的瓦解。這種瓦解過程發生的方式有多種。例如，它也可以是調動想像的特殊方式來觀想的結果。這些元素的瓦解或消退對應於意識的不同細微層次。在這種瓦解發生的時候，有一個共同點：即活力能量的改變而發生意識細微性的差別。」

　　他解釋了這些概念背後的具體方法。「發生活力能量的這種變化可以有三種方式。一種是純粹自然的、生理學的過程，由於各種元素的瓦解，即土（固體性）、水（液體性）、火（熱）和空氣（變動性）等元素的瓦解。這種解體在睡眠和死亡過程中自然發生，不是有意而為之。活力能量的類似變化在觀想的時候也發生，那是調動專注和想像的力量而達成的。活力能量的這種變化，導致意識從粗糙層面向細微層面轉移。第三種方式是通過性交來達到。但是，能量的轉換，意識從粗糙層面到細微層面的轉換，並不會在一般的交媾中

發生，只有通過特殊的修行，在修行中無論是男人還是女人都要控制性交中再生液體的運動。」

彼得追問，「在這些修行中，土、水、火和氣瓦解的最終結果是不同的還是相同的？」

達賴喇嘛回答說，「並不完全相同。在明光經驗中有很多不同的細微層面。例如，睡眠明光就不如死亡明光那麼深。佛教密宗談論五種第一類活力能量和五種第二類活力能量，以及這兩組活力能量的粗糙和細微性質。在睡眠明光裡，這些能量的較粗糙形式瓦解了，或消退了，而較細微的形式卻沒有瓦解。其表現就是此人仍然通過鼻孔呼吸。」

因為我們要在這個星期的第二部分探討死亡的話題，我有點擔心此刻的討論有點超出當下的主題，於是要彼得集中討論睡眠和夢的話題。他同意：「我現在更有興趣瞭解睡眠和觀想之間的相似性。如果通過練習，雖然困難但是有可能經歷睡眠的四個階段而有意識地達到睡眠明光，這和觀想不同在什麼地方呢？」

尊者回答說，「我們必須認識到觀想有很多不同的形式，這點很重要。這些問題在佛教密宗的較低的三個層級上都沒有討論過，只有在無上瑜伽中討論。夢瑜伽是個獨立的觀想形式。」

我有點好奇。「是不是真的能直接開始進入這種修行，而不需要之前的準備階段？」

　　「是的，不需要大量準備就進行這種修行的確是有可能的。夢瑜伽佛教徒可以修，非佛教徒也可以修。佛教徒修行夢瑜伽會持有一種特殊的動機和目的。在佛教框架中，修行的目標是認識空性。但是非佛教徒也可以做同樣的修行。」

細微意識的相關物是否存在？

　　我提了一個一直想問的問題，可能我們當中很多人都想問這個問題。「假設有人修行到如此精深的程度，他能夠經常有意識地通過睡眠的各個階段，然後停留在明光狀態。如果我們對他進行我在前面描述過的同樣實驗，你是否期望會看到外部的變化？我們用以辨識 REM 睡眠和非 REM 睡眠的信號會有所不同嗎？階段四會不會顯示出變化？」

　　達賴喇嘛在回答這個問題和其他一些問題時，經常用到一個術語 *prāṇa*。我們的翻譯艾倫·瓦萊斯指出，這個詞最好翻譯成「活力能量」，而不是「細微能量」。前一個譯法可能會引人錯誤地聯想到中世紀和文藝復興歐洲的「活力」（*vis vita*）或「精力」（*elan vital*），但是仍比將 *prāṇa* 單單稱為「細微」要更精確一些。而且，*prāṇa* 有三個層次，粗糙的、細微的和非常細微的，所以翻譯成「細微能量」就更加容易混淆。最後，*prāṇa* 按其本質是只存在於活的有機體中，因此翻譯成「活力」無疑更為適宜。

「很難說你能不能獲得明光狀態的外部相關物。當一個人處於第四階段非 REM 睡眠明光狀態時，我們會期待此人身體的活力能量出現非常微小的擾動。我認為睡眠的明光狀態這個術語來自於觀想經驗。在使用意識非常細微的狀態來達到對空性的領悟的睡眠瑜伽和別的一些修行中，清澈和明亮的體驗是存在的。」

查爾斯．泰勒插進來問道：「所以說這個訓練的最高階段是停留在 *bardo* 狀態，而不是隨各個不同階段漂流而去？還是我根本就錯了？」

尊者如往常一樣笑著說，「你必須將它和更廣的佛教路徑聯繫起來。我們說到佛陀的不同化身，包括受用身，[10]這是經過修行而開悟者的非常細微的身體，還有法身，[11]這是指已開悟者無障礙的心識。培養特殊夢觀身的修行，其最終目標是獲得受用身，而見證死亡明光的修行，最終目的是達成法身。受用身是一個虛幻的身體，是佛陀向他人顯示的物理形式，而法身是自我指認的，只有成佛者才能夠達成。因此，夢瑜伽跟受用身相關，而睡眠明光修行跟法身相關。」

這時艾倫暫時離開他的翻譯身分，插進來問道：「對於一個熟

---

10 譯注：佛教術語，又稱報身、應身，佛的三身之一，是地上菩薩所見身。是指以法身為因，經過修行而獲得佛果位之身。

11 譯注：又稱自性身，佛教詞語，三身之一，指佛所證驗的超越的真理，遍及整個法界。

悉語言的人，和另一個不熟悉語言的人來說，REM 睡眠是否有所不同？如果以語言為基礎的概念沒有出現，心智的活動是否有所差別？」

我說，「這會很難驗證。如果那個人根本沒有語言，你就沒法問他，」這話讓大家都笑了起來。「這是我們現在的研究方法受到局限的地方。不過嬰兒和其他哺乳動物確實有相似的模式。」

尊者繼續說，「五種第一性的活力能量之一叫做遍行氣。[12]我在想身體中這種遍行氣的力量在 REM 睡眠的時候是否有所增加，而在非 REM 睡眠的時候有所減少。這相當有可能和概念化有關。」

這引起我思考，「遍行氣不是科學熟悉的概念，但是 REM 睡眠時心血流和腦血流的增加或許是遍行氣的標誌。」

尊者隨後提出一個有意思的實驗建議。「你們有沒有給瀕死者的睡眠狀態做過 EEG 研究？例如，你們是否知道一個人在瀕死的過程中 REM 睡眠能持續多長時間？」

我回答說，「宣布一個人死亡的標準是 EEG 完全變成平坦的，腦電波消失，不再有起伏，所以根本就沒法說是 REM 睡眠還是非 REM 睡眠。」

他堅持說，「當腦活動結束以後，遍行氣是否還存在，這仍是

---

12 譯注：直譯即瀰漫之能量。

一個問題。死亡的標準似乎有三個：心跳、呼吸和大腦活動。當心跳停頓以後，腦功能還持續多長時間？」我們都同意，可能只有幾分鐘時間。「在這幾分鐘時間裡，REM 睡眠能發生嗎？」

彼得回答說，「我不認為科學家曾經觀察過或者檢驗過這個問題。在那個時刻，眼球不再活動或者上翻，瞳孔散大，大腦活動停止。心跳停頓後到死亡的時間可以通過體溫降低來延長。在很冷的水裡溺水的人在十五到二十分鐘後還有可能復活，儘管 EEG 是平坦的，他們不再呼吸，也沒有心跳。有些藥物也能在病人並未死亡的時候引發平坦的 EEG。」

我們顯然已經達到我們在這領域想像力的邊緣。但是這些沒有答案的問題非常有意思。我補充說，「在這裡我們得記住，EEG 的測定是非常非常粗糙的。設想人類在 REM 睡眠狀態下大腦中有大量語言、聯想、語義活動，這並不自相矛盾。沒有 REM 睡眠的動物可能有另一種認知活動，但是無法通過 EEG 來揭示，EEG 只是太粗糙的測量。當一個人瀕臨死亡，EEG 變成一條直線，這並不意味著大腦裡什麼也沒有了，說不定還有很多活動在持續。這一點也同樣也適用於早先提出的問題，在階段四的一般人和能夠在睡眠明光中保持意識的人，他們有什麼不同。現在的 EEG 測試無法測出來，但是將來更精密的方法也許就可以測出來了。」

修行的動機和努力

　　這時杰妮‧高肯巴哈將談話引入跟一個她的研究直接相關的話題：「確定做夢然後對夢加以控制，到了某個時刻會不會放棄這種控制？」

　　尊者回答說，「我不肯定是否放棄控制。顯然，持續修練夢瑜伽需要一定程度的努力和意念，而且你必須保持這種意念。逐漸熟悉這種修練後，只需要越來越少的努力就可以，因為你越來越熟練。但是，在佛教和非佛教的觀想修行中，都有那麼一些階段，完全不需要努力。一個例子是在大圓滿修行中。它會導入一種非常特殊的無努力狀態。另一種修行也是佛教徒和非佛教徒都有的，你只是保持平靜就可以進入狀態，不過這和佛教徒修大圓滿的情況不同。」

　　「努力的目標是保持平靜嗎？或者說，對夢的控制最後引向寧靜，而夢仍然在持續？」杰妮繼續問。

　　「在寧靜中放鬆努力的修行本身是另一種修行。我們現在說的是兩種不同的修行方式。第一種，你必須意識到夢狀態並控制夢。你這樣做有特定目的，即為了引出可以與粗糙的身體分離細微的夢身。在第二種修行中，你培養自己體驗睡眠明光的能力，為此是不需要控制的。這兩種修行有明確的區別，用於不同的目的。努力去辨識夢，有意識地轉變和控制夢的內容，這樣修行的目的是為了獲

得特殊的夢身。這樣的夢身可以用於很多目的。這種修行類似於辨識中陰狀態（bardo）。在這樣的修行中，你所面臨的主要挑戰是保持認識中陰狀態而不讓你面前出現的各種幻影干擾。這是一個挑戰。另一方面，引向認識睡眠明光的修行，是為認識死亡明光而做的準備。」

睡眠、性高潮和死亡

喬伊斯・馬克杜格爾從自己的專業提出了一個有意思的評論，「心理分析或許能對睡眠和性高潮的關係提出一種看法，兩者都和死亡的想法有一種想像的聯繫。在心理分析過程中都可能發現，失眠症患者和無法達到性高潮的人不能入睡或不能和他們所愛的人在浪漫聯合中融為一體，是由於害怕失去自我的感覺。另外，有意思的是，在法國，性高潮叫做 la petite mort，小死。在希臘神話中，睡眠之神和死亡之神是兩兄弟，Morpheus 和 Thanatos。為了讓你自己沉入睡眠，你必須放棄你個人的自我概念，消失到和這個世界融為一體，或者和母親或母親的子宮融為一體。失去日常的自我意識是被當成一種損失而不是獲得的經歷。這也適用於那些不能享受性高潮的人。這和泰勒教授所談的有關。願意失去自我感覺而使得我們沉入睡眠或者性高潮，同樣也能讓我們不再害怕死亡。我們可以說，睡眠和性高潮是死亡的昇華形式。」

尊者大笑著說，在西藏，對那些有這類恐懼的人，最好的解決

方法是受戒。他用一種更為嚴肅的口氣補充說，「在藏傳佛教的文獻裡，曾經提到人在各種各樣的場合經歷明光，包括打噴嚏、昏厥、瀕死、性交和睡眠。在一般情況下，我們的自我意識是相當強大的，我們用這樣的主觀性來和世界相連。但是在那些特別的場合，這種強烈的自我感覺有所鬆懈。」

喬伊斯提出更詳細的問題：「在完全清醒的世界難以放棄自我，和不願意或不能夠放棄粗糙之身的形象而讓更靈性的形象出現，這兩者之間有沒有關聯？」

尊者回答說，「我想可能有一些對應，因為我們的自我感覺是和我們身體的存在大有關係。事實上有兩種自我感覺，一種是粗糙的，另一種是細微的。粗糙的自我感覺依賴於粗糙的物理身體而產生。但是當一個人體驗到細微的自我感覺時，就和粗糙的身體沒有關係了，失去自我的恐懼就會消失。」

知覺與中斷

這時，喬安・哈利法克斯評論說，不同狀態的存在意味著它們之間存在著轉變：「所有這些狀態似乎都有短暫的知覺中斷或遮蔽，所以有一些東西事實上是消亡了。不管是身體的粗糙層面還是細微層面，連續性被破壞，出現了一個裂隙，在此之後連續性重新恢復。修行的一個方面是不是要維持超越粗糙層面，甚至超越細微層面的

連續性，在一個無條件層面上的連續性？維持一種空無之物的連續性。」她艱難地試圖找到合適的語詞來說明她的觀點，引得大家都笑了起來。她說，「我們的語言裡沒有合適的詞來解釋。」

尊者回答說，「在有一些觀想狀態下，你會只有空性的感覺，在這樣的時候你甚至沒有細微的自我感覺。在這樣的時候，你雖然沒有『我』的感覺，但是這並不意味著那時沒有了『我』。藏語中的意識這個詞是 *shes pa*，它的字面意義就是『知識』或『知覺』。根據詞源解釋，你知覺某種東西，這就在粗糙層面上定義了意識。但是在細微層面上，也許不存在知覺的對象。這類似於看似矛盾的『無思之思』狀態。這是一種擺脫思想或特定思維層面的知覺狀態，但是這裡的『無思』並不是說完全沒有思想。」

我提問，「您是不是說這時沒有認知？」尊者略沉吟後反問，「佛朗西斯科，你能不能區別思想、知覺和認知？」

「認知是指一種確定或否定。你可以在認知的時候不一定有思想，思想總是有一定的語義學內容。知覺有多重意識；其中之一是認知，但是也能深入到更細微的層面。知覺和認知不同於思想或思索，可以延伸到用於意識的更細微層面，例如非有意的思想，或者沒有對象的思想。在認知科學中，在具有具體內容的情況下，人們不願使用知覺這個詞而寧可使用認知。」

查爾斯有一個更嚴格的解釋：「我的理解是，*認知和知識*有這樣一種意思，就是有一些你知道或者掌握的東西存在，有一些內容

存在。相反地，我可以*知覺*一些東西但是對它沒有知識。認知是一種成就。這就是為什麼我覺得很難理解無目標認知的說法。」

　　尊者進一步說明：「這是一種沒有內容和合適對象的狀態。」

　　查爾斯還是沒被說服，「很難理解它沒有一個對象，雖然我能理解有一種似乎矛盾的狀態，我們或許不得不稱之為『對無物的知覺』。我們試圖在一般人類狀態之外去尋找什麼的時候，可能會犯下錯誤，因為語詞是為一般人類狀態設計的，在這一般人類狀態裡，沒有無內容的知覺，也沒有無內容的認知。」我只能說這不會使得我們不去思索，人類的這種能力是可能存在的。查爾斯最後讓步說，「在所有的傳統中，我們都必須扭轉和伸縮一般的語言，使得我們能把握那不一般的狀態。」

　　尊者同意，「在佛教中也是同樣。這正是語言的本質。」

　　時間過得真快，已經五點了。尊者向大家表示感謝，鞠躬後離開了會場。我們要回到我們的旅館，繼續非正式地清理今天會議上提出的種種思路。

第三章
夢與無意識

西方文化中的精神分析

不管你是鄙視還是讚賞精神分析傳統，有一點是肯定的：佛洛伊德和他的後繼者極大地改變了我們西方人對什麼是心智、什麼是一個人，以及什麼是臨床心理治療的理解。現在有大量心理學理論和臨床治療方法，有些相當成熟，有些比較膚淺。在北美，對多樣化的鑑賞和追求的願望遠高於歐洲和南美，在這些地區，心理學的理論和實踐在很大程度上仍屬於精神分析。

作為這次會議的籌辦者，我有責任讓達賴喇嘛和在場的藏人瞭解西方人是怎麼看待自我的隱蔽區域的。精神分析至少把兩個關鍵思想引進了我們這次會議：一是人類潛意識的概念及其深度，二是夢在探索人類心理中所扮演的中心作用。我們承認，精神分析不是當代科學主流的一部分，也沒有試圖成為科學主流。但是，它是從神經學和精神病學中產生的，而且成為西方世界很多精神治療中心的重要方法。而且，現在的認知科學做了大量工作，更新了精神分

析的實用與理論同當代科學之間的聯繫。[1]

　　當我們尋找這一傳統的既有經驗又具有權威性的代表時，喬伊斯‧馬克杜格爾的名字自然而然地出現。她出生於紐西蘭，獲得教育學博士學位，然後前往倫敦接受精神分析訓練，在 Hampstead 兒童心理治療診所學習了幾年，這曾是佛洛伊德的女兒安娜‧佛洛伊德領導的診所。由於她的丈夫因為工作需要去了法國，喬伊斯‧馬克杜格爾就在巴黎持續從事成人精神分析訓練，成為這領域理論研究和教學的核心人物達二十五年之久。她的著作是敘述清晰和頭腦開放的榜樣，這種品質在精神分析領域並不多見。在最近的著作中，她把臨床精神分析的很多材料編織在一起，成為她稱之為身體與心智的「劇場」。[2]

　　會議的第二天，從陽光燦爛的早晨開始，喬伊斯坐到了講解者的座位上。這是我們在會議上第二次從硬核的大腦科學轉移到另一個領域，那裡一切將圍繞人類經驗及其戲劇而展開。

1　例如 K. M. Colby 和 R. J. Stoller 的著作《精神分析與認知科學》（*Psychoanalysis and Cognitive Science,* Hillsdale, N. J.: Analytic Press, 1988）。

2　J. McDougall，《心智的劇場》（*Theaters of the Mind,* New York: Basic Books, 1985）；《身體的劇場》（*Theaters of the Body,* New York: W. W. Norton, 1990）。

佛洛伊德和他的同伴們

喬伊斯開始講解，「我非常榮幸，也非常高興在這裡談談精神分析的科學和藝術。」在這裡把藝術和科學平列無疑是有必要的。「西格蒙特・佛洛伊德是這門科學及其治療藝術的創建者。上世紀是一個保守主義的世紀，社會上占統治地位的人們不願意質疑流行的價值。在世紀末，身為在 19 世紀後期維也納科學統治的環境裡培養起來的醫生，佛洛伊德卻試圖向所有的價值提出疑問。他總是在問，「為什麼？為什麼人會生病？病人怎麼會康復？為什麼我們會有戰爭？為什麼人類文明如此頻繁地遭遇失敗？為什麼猶太人遭受迫害？」

喬伊斯接著指出，精神分析是在西方文明中產生的，對西方世界產生了極其廣泛的影響，特別是在精神衛生這個領域中。在佛洛伊德之後，所有保健職業開始把身體疾患跟人的精神狀態聯繫起來。佛洛伊德總是關注精神和肉體之間的聯繫。他意識到所有的身體狀態都會影響人的精神，同樣，人的精神狀態或心理狀況都會影響身體。他認為身體和心理之間存在緊密的聯繫，但由不同的功能法則管理。心理功能的法則並非生物系統的法則，但是二者在不間斷地互動，互相影響。

「佛洛伊德對西方世界的衝擊遠遠超出了精神衛生領域。他的理論給教育界留下了極大的影響，在很多創造性領域中也產生了相當大的影響。藝術家和哲學家尤其如此，他們深受佛洛伊德哲學和

發現的啟迪。」喬伊斯在此略一沉吟，加上了她的想法：「也許佛洛伊德對音樂沒有產生很大的影響。他曾經說過，他跟音樂的魅力完全無緣，為此他很遺憾音樂的世界對他是關閉的。然而，他對詞彙和語言熱情有加。為尚未命名的人文現象找到合適的詞，對他來說是非常重要的。可以說佛洛伊德崇拜詞彙。毫無疑問，人類文明是由詞彙構成的，也受到詞彙的限定，語言對人類生存至關緊要。在某種意義上，詞彙代表了父親，即外部世界。在希伯來和基督教聖經裡，我們都讀到：『在起初已有聖言。』[3] 也許這就是家長式宗教的遺產？無論如何，我會說，在起始就有了嗓音，即使是在母親的子宮裡面，嬰兒就已經聽到了聲音和韻律（也許這就是最初的音樂？）。」

心智的剖析圖

現在喬伊斯給我們介紹佛洛伊德理論中的一個基本概念。「他在尋找一個詞來表示每個人類個體與生具來的生命力，一種使得生命具有意義並且要去接觸其他人的力量，這是一種在愛、性愛、宗教感情和所有創造性形式中得以表達的力量。他認為這種力量是一種能量流，名之為力比多。但是在他多年臨床觀察和對周圍世界的思考後，他最後也相信，人的內心還有另一個同樣強烈的尋求死亡

3　《聖經》約翰福音 1:1，採用華人天主教最通用譯本思高本的翻譯。

的力量，這是一種自我毀滅和毀滅他人的力量，人類精神中生命力和這種死亡力（莫提多）之間存在著永恆的衝突。但是他認為這種死亡衝動是從力比多中發源的。換言之，力比多這種強而有力的生命資源，可以用作於好的結果，也可以產生壞的結果，可以用於生命的一面，也可以用於毀滅或死亡的一面。」

　　佛洛伊德使用了大約二十五種不同的心智模式。喬伊斯不打算逐個解釋這些模式，只集中在幾個重要的模式上，例如生命和死亡本能的理論、記憶的儲存方式，以及知識在心理上的結構方式。「佛洛伊德認為心理結構有三個層次。在最上面或皮層，他稱為*意識*。然後是我們並不時時刻刻都意識到、但總是可以回憶起來的知識，他稱為*前意識*。第三層，最大也是最神祕的，是*潛意識*，我們不知道它的存在，不能在我們清醒、有意識的生活中找到它，但是它在我們一生中對我們的行為起了極廣泛的影響。」

　　「潛意識的心智一直活躍在我們的內心世界裡，驅使我們去尋找本能性驅力的解決方法，而這種本能性驅力常常是和外部世界的要求相衝突。佛洛伊德說，潛意識心智是人性的一切，是我們從人性繼承來的一切。他將之稱為我們的系統演化遺產，相對於我們的個體發育遺產，即一個人從出生開始所經歷的一切（現代精神分析學的研究走得更遠，提出了胎兒記憶的重要性）。所以說，從早期兒童記憶甚至在子宮裡的記憶，和力比多與莫提多的活力，都包含在潛意識心智中。」

夢和潛意識

　　介紹了這些精神分析學的基本概念後，喬伊斯立即轉向了我們要討論的問題：夢。「心智的這個剖析模式對於理解佛洛伊德有關夢的理論非常重要，即我們怎樣做夢，為什麼做夢，怎樣入睡，為什麼入睡，或為什麼無法入睡。」

　　「佛洛伊德關注的第一個神祕問題是我們的時間意識。在我們睡著跟我們清醒的時候，時間是很不相同的。他說，潛意識是沒有時間的，而當在我們睡眠和做夢的時候，潛意識找到了它最直接的表達，那是包羅一切卻又一無所有，這在我們清醒的時候難以達成。當有人告訴我們一個夢的時候，他總是說：『我做了個夢。』他不會說：『我現在正在做夢。』僅就這點而言，夢總是『在時間之外』。我們甚至有看上去是重複的夢，但是絕不會是和以前一模一樣的夢，發生多次的事件也不是同一個事件。我們也許可以說，每一個夢，不管是記住了的還是沒記住的，都是一個重要事件。」

　　「在佛洛伊德發表的二十三卷著作中，只有兩卷跟睡眠與夢的現象有關，他在這個主題上最主要的著作《夢的解析》，主要是在 1896 年完成的。但是在以後三十多年裡，佛洛伊德仍然在繼續研究這本書中的很多開創性思想。佛洛伊德認為《夢的解析》是他對理解人類心理最重要的貢獻。事實上，正是從對夢的研究，他發展出了整個心智理論。在一次討論心理功能的時候，他說一個正在做夢的人並沒有真正『睡著』，即使他正在睡覺。對不熟悉睡眠模

式的神經生物學研究的人來說，這話聽上去有點奇怪，然而這顯示了佛洛伊德早就認識到，在睡眠的時候，心智的狀態不同於做夢的狀態。他是在創建一些概念，直到五十年後神經生物學家才發現了REM 睡眠和非 REM 睡眠。他還有一個假設，當我們入睡的時候我們的身體似乎是『癱瘓的』，於是夢代替了行動。這一點，他認為對探索我們為什麼做夢是一個重要方面。」

達賴喇嘛專心聽著講解，此時第一次需要一些解釋。像往常一樣，他的問題總是指向那些特別微妙的論點。「如果夢代替了行動，那麼夢是以什麼方式變換成行動？是不是一個無法發生時，另一個就自然發生？為什麼你用『代替』這個詞呢？」

喬伊斯回答說，「當我們在做夢，而不是做什麼事情的時候，我們是存在於另一個狀態之中：一種存在而沒採取『外向』行動的狀態，即沒有積極主動的身體行動。做夢的時候，我們雖然沒有移動身軀，沒有對外部世界的事件作出反應，卻有一些非常活躍的事情正在發生。一種特殊的過程正在頭腦中發生。佛洛伊德覺得這跟身體緊密相關。事實上，佛洛伊德不能理解為什麼我們不是時刻在做夢。」

達賴喇嘛進一步問，「也就是說，身體確實是要做出某些行動才能做夢？」

「是的，確實如此。佛洛伊德提出，所有侵入夢中的思想和圖像都是在處理來自身體的訊息。就從這個想法開始，他形成了夢總

是和願望相關的思想（通常出自於身體的本能衝動）。但是這些願望是什麼？他說，這開始於想要睡覺的簡單願望，所以這願望就是需要擺脫外部世界。然後他出現了要停留在睡眠中的願望，所以當來自潛意識的思想和願望發生衝突的時候，為了繼續睡眠，我們就製造了夢。」

正如我們大多數人都不熟悉佛洛伊德診療方法的細節，達賴喇嘛對喬伊斯講解的模式很有興趣。他問道：「潛意識、前意識和意識都為夢提供了動力嗎？另一方面，你又說在睡眠的時候身體向心智傳送了訊息。這兩個說法怎麼聯繫起來？你是不是說所有這些都來自於身體？」

喬伊斯解釋道：「這個問題涉及潛意識原動力的核心，就如佛洛伊德想到的那樣，它有它的目標。」她又補充說，事實上身體與潛意識有很深的聯繫。「佛洛伊德把本能的衝動稱為『從身體到心智的使者』，例如『我需要愛』、『我憤怒』、『我餓了』、『我害怕』等等。在這個意義上，很難區分什麼是來自於身體，什麼是產生於潛意識。如果來自於潛意識和前意識的訊息要將人驚醒，那麼夢的首要功能就是防止被驚醒。這個概念讓佛洛伊德把夢稱為『睡眠衛士』。」

會場鴉雀無聲，大家都在思忖這個詞的美麗意象。達賴喇嘛以他追尋精準定義的風格再次提問：「當你說前意識也是夢的一種動力的時候，你認為它也是在身體裡面的嗎？」

　　「在身體裡，也在心智裡，」喬伊斯回答。「雖然前意識中含有能夠回憶起來的記憶，在它們和身體的力比多要求結合起來後，就獲得了額外的重要性。我們的頭腦每天每日接受來自外部世界成千上萬的知覺資訊，還有無數一閃而過的念頭與感覺（遠多於我們能夠注意到的那些，否則我們的日常生活就沒法進行了）。我們把這一切放進心智中存放近期記憶的部位，這些資訊常常形成當晚夢的核心。當我們白天經歷過但沒有特別注意的資訊同身體的感覺，或者強烈的情緒聯繫起來的時候，就成了夢的材料（情緒既是生理的，也是精神現象）。佛洛伊德將此稱為『白日殘留』。於是，源自於肉體和精神的資訊就被用來製造圖像，這些圖像被編織進一個故事裡，這就是夢。尊者，為了回答您的問題，我們或許也可以說，潛意識有一種讓睡著了的心智通過前意識而傾聽身體的辦法。」

　　「佛洛伊德認為，我們無法直接瞭解潛意識，只能通過夢，以及某些精神疾病狀態，來最接近地瞭解這個不可瞭解的潛意識。患有精神病的人也是一樣，他們利用部分潛意識心智來產生幻覺和妄想。我還要再加一點，由於心理原因而導致身體疾患的人也用身體來表達潛意識。此外，創作型藝術家，如畫家、作家、音樂家、科學發明家等等，也將源自於潛意識心智的資訊變換和創作。而在夢中，潛意識主要是通過跟語言的聯繫來利用前意識。」

　　「然後就出現了一個複雜的問題，佛洛伊德稱為夢的明顯『無自覺和矛盾的特點』。他是指夢的這樣一個過程，即收集所有的訊息、白日殘留，以及其他一些因素，編織成一個故事，使得夢得以

出現。他強調說，製造出我們稱為夢的努力並非易事。」

自戀

　　「他的夢理論中還有一個重要部分，就是人是怎樣入睡的。力比多可以被導向他人，也可以導向自己的自我和身體。佛洛伊德將後面這種力比多能量稱為『自戀力比多』。這可以是一種健康的現象，但也可以是病理性的。」為了回答尊者的問題，喬伊斯解釋說，「自戀這個概念來自希臘神話中一個男孩叫 Narcissus，他愛上了自己的形象，在池邊長久地凝視水中映出的自己，最後就死在池邊。這個神話的含義是，完全的自戀可能等同於死亡。但是如果我們想要入睡，我們就不得不有點像 Narcissus 那樣做。我們放棄對外部世界的執念，放棄對所有我們在意的人的依戀，放棄對白天發生的一切事情的關切——我們或許可以說將這一切都存入了自己的身體一心智之中。這種和外部世界的分離表示，要想確保入眠，力比多現在必須變成完全自戀的，將注意力完全集中於自己，排除其他精神或物理的活動。佛洛伊德認為，有一種『初始自戀』狀態的回歸，並將它與嬰兒在子宮裡的精神狀態相比較。他不是試圖要發展出一個關於睡眠的生物學理論，而是一個心理學理論，用以表明將身體和心智聯繫在一起的本能在睡眠狀態中的重要性。」

　　這最後的評論激起了佛教哲學家的好奇心。尊者問道，「在睡眠時刻的自戀傾向是不是完全不同於專注於自我時候的自戀力比

多？後者是有意識的，而睡眠過程中的自戀是純粹自然的，是潛意識的。」

「沒錯，那是自然的，是從漫長時間裡繼承得來的。這是潛意識的，而在清醒時專注於自己的自戀可以是有意的，」喬伊斯毫不猶豫地回答，「我們返回古老的自戀狀態，就像在母體子宮裡一樣的狀態，我們在那種狀態裡非常快樂，但是當我們開始做夢的時候，就有某種力量要將我們拉出去。如今我們會說，一種 REM 睡眠的神經狀態提供了最有可能做夢的功能性條件，但佛洛伊德卻主張，潛意識和前意識的訊息導致衝突，我們不得不做夢以免被驚醒。」

夢，通向潛意識的康莊大道

「佛洛伊德還有一個重要觀點，即認為夢非常活躍，比白天的活動強度更大。他堅定地認為人的精神尋求把一切編織成一個故事，或者一套統合的畫面，用來代表複雜的事件。這個故事也許覆蓋了整個人生；也有可能是受到清醒狀態的思想與感覺的刺激，等等。夢經常顯得好像是在為個人生活中的日常衝突境遇找到解決方案。因此，夢是一個偽裝的故事，可能包含一個元素，或者包含所有這些元素。」

「我現在要談談佛洛伊德研究夢的隱蔽意義的路徑。他研究催

眠狀態下的人，從中產生了一些有關潛意識過程的基本概念。通過催眠，他發現潛意識心智中有很多內容被推出前意識的記憶，那些經常是我們不願意記住的事件、思想和幻想。在催眠狀態下，就像在夢中，這些思想可能重新顯現（儘管現代研究揭示，在催眠下回憶起來的事件有可能是暗示的結果，而不一定是真實的記憶，但這並不能推翻佛洛伊德從這個領域推導出的大部分理論建構）。」

尊者問道：「一個人想要忘記什麼事，然後就把它推進了潛意識，你能不能舉一個你經歷過的例子？」

「好的。有個接受我精神分析治療的人，曾經出於嫉妒對自己的朋友很不友善，這件事他完全忘記了。那天夜裡，從那些前意識的元素裡，他被引導著想起了自己在很久以前的其他一些不那麼良善的嫉妒行為，那些在潛意識深處，久被遺忘的事情又被回想起來。他不記得自己曾經出於妒嫉把弟弟（事實上他很愛這個弟弟）從小三輪車上推下來，導致弟弟傷得很重。這件事已經成了他的潛意識記憶。那天夜晚，這人做了個夢，不是夢見他對同事凶聲惡氣，也不是夢見自己粗暴地對待弟弟，而是夢見一隻狂暴的老虎在追一隻可憐的小狗。在夢中，他想要去打這隻老虎，保護小動物，但是老虎變得越來越強大，最終他在驚恐中醒來。這夢的意義是掩蓋著的，但是在精神分析療程中，當病人開始對夢的不同部分進行自由聯想的時候，意義就更清楚了。」

「病人在精神分析療程中回想起來的夢，佛洛伊德稱之為顯現

的夢，這一點從表面看來十分明確，而他的主要興趣是夢的潛藏內容，這是夢的形象後面隱藏著的意義，其中有各種不同的意義掙扎著試圖得以表達。」

「雖然佛洛伊德把夢稱為通向潛意識的大道，但他堅持認為我們只能到達潛意識心智的表面。大部分的內容我們永遠也無法瞭知。可是，他認為達到自我認知的方式，夢的分析比催眠更可靠。在催眠過程中，人們可能記起久已遺忘的事情，但是當他們從催眠中醒來，你說：「你弟弟兩歲的時候，你把他從三輪車上推了下去。」他們可能會說，「啊，我做過這事兒？有意思。」但是他們並沒有回想起來，也不一定相信。佛洛伊德的結論是，在催眠中出現而回到意識中的事情，並不是真正的知識，它們並沒有為病人所信服。對於自我的真正知識，人不想知道的有關自己的一切，最好是從分析夢的經歷來得知。所有來到心智中的聯繫，無論是可接受的還是不可接受的，不論是近前的還是在久遠的過去發生的，跟被分析者自己對自己的反思相結合，可以用來發現潛意識裡隱藏的自我。」

「佛洛伊德也用了很多年來研究他自己的夢。很多夢寫進了他的著作中。他試圖通過自己的夢來理解他的一些恐懼，以及嫉妒和憤怒的感覺，這些感覺是他不願意承認的，直到夢迫使他去意識到這些感覺的存在。他堅持認為，所有的精神分析師都應該繼續分析自己的夢，這樣就能更接近瞭解有關自己的很多令人不快的真相，這些真相如果不加分析，可能令他們對病人的分析走入歧途。他很

早就得出結論，用很多療程來分析病人夢中的每一個元素並不一定重要。病人應該傾聽自己的夢，將其和自己聯繫起來。」

達賴喇嘛突然大笑起來，拍著膝蓋，開玩笑說：「看來有大量的工作要做。如果你要分析你所有的夢，那剩下來就沒時間做夢了。」我們全都跟著笑了起來，喬伊斯笑著補充說，「不錯，是有很多工作。精神分析師從不停頓地試圖接近他們自己的心理真相。但是他們都不停止做夢。」她這麼說著的時候，我們都注意到尊者似乎轉移了注意力，他正用會議上發的小冊子把咖啡桌上的一隻小蟲移到了一個安全的地方。

喬伊斯繼續講解，「佛洛伊德用於揭示隱藏在夢中的真相的方法是提取夢的不同部分，鼓勵受分析者運用自由聯想，說出他們對夢的這些因素腦中自發產生的念頭，這樣做是為了讓人處於完全開放、解除控制的狀態，不再順著腦中的批判性思維方式，而是讓任何念頭、知覺、記憶和形象自由地浮現，即使它們看起來是不一致的，不聯繫的，或者是不可接受的。他發現這種方法能有助於他的病人發現心智活動的方式，通過運用前意識的聯繫而建立夢的主題，出現他們深層潛意識的真相。」

「為了說明將潛意識記憶和以前發生的事情聯繫起來的想法，我們回到前面所說的夢見老虎的病人。回憶了夢的內容後，他突然說，『不知道為什麼，這讓我想起昨天我跟一個同事有過一場非常生氣的爭論。事後我感覺很不好。不管怎麼說，他是個年輕同事，

對我很敬重，可是他有時候會說出那麼愚蠢的話。我不應該那樣不友善……現在我想起我弟弟，他比我小十八個月。我很喜歡他，我們一起玩得很開心。噢，天哪！我突然想起來，有一次放假期間，他騎著他的三輪車在路上走，我推了他一把，他摔倒在地，兩個膝蓋都擦破了，下巴劃了個很深的口子，流了很多血，他哇哇大哭。真可怕！我怎麼會對波比做這種事？』當我問他，在波比出生的時候，他是不是因為不再是唯一的孩子而感覺不快，他說，『是啊！我得跟他分享所有的一切。但是後來我是那麼愛他，一切都沒關係了。』『你那麼愛他，可你還把他從三輪車上推下來？』『嗯，我猜想我是跟我媽媽生氣。她總是那麼忙，後來她又懷上了我妹妹。我不明白為什麼她要有三個孩子！』這就叫做自由聯想。您可以看到，能夠讓我們用這樣一種不加控制的方式談論的地方就是精神分析。如果我們在別的地方這麼談論，我們很快就沒朋友了！」我們都為在日常生活中自由聯想地談話的想法大笑起來，那等於是用我們自相矛盾的意識或潛意識來得罪所有人。

喬伊斯繼續說，「自由聯想引導你表達出從來不會告訴任何人，即使是對自己也不想說的感覺和想法。透過這樣的方式，你達到了有關自己，以及你在生活中與人交往方式的某個大致真實的層面。」

我看出達賴喇嘛對這些想法很好奇。他問道：「在神經科學中有沒有什麼東西跟意識、前意識和潛意識這三種狀態相關？」

　　喬伊斯立即笑著回答說，「我想，一點也沒有。」

　　作為對話的協調人，我需要在此介紹一下相關背景。「在神經科學中，潛意識的概念沒有以任何明確的意義出現。有些人可能會說，它和腦幹有關，腦幹是我們大腦中跟比較古老的脊椎動物，爬行類動物共有的部分，這部分可能跟本能有關。但這是非常模糊的比較，因為潛意識也是相當智慧的。這種關聯現在沒有真正被科學界接受。這就好比精神分析和神經科學是西方文化的兩個彼此獨立的流派。」

　　喬伊斯補充說，儘管如此，二者還有一些共同基礎。神經生物學有一套關於原因的理論，精神分析有另一套因果理論，但兩者確實是互相補充的。「誰也不能聲稱自己掌握了通向真理唯一的、絕對的鑰匙。」然後她將話題從理論轉向臨床經驗。「我希望我說清楚了潛意識、前意識和意識總是聯繫在一起，總是互相作用的，不僅在夢中如此，在清醒的時候也是如此。佛洛伊德宣稱『我們不是自己的主人。我們以為我們知道為什麼自己要這樣做，我們知道自己是什麼人，知道自己感覺到了什麼，其實我們所知有限，我們只看到了冰山的頂端』。這個判斷令人們大為震驚，認為佛洛伊德是在宣稱，人基本上是不『好』的，憤怒、狂暴和仇恨（更不要說性欲了）是從兒童時期就非常強大的力量。19 世紀的文化將兒童看成是純潔的，是純淨之光，彷彿他們不會有愛、恨、亂倫和死亡的衝動，這些衝動如果加以控制，對人類至關重要。佛洛伊德的發現是令人震驚的消息，雖然他遭到了種種攻擊和迫害，他依然勇往直前。」

　　「我認為，除了卓越的探究精神，對佛洛伊德來說，不顧公開攻擊而決意繼續研究，這也是他應對自己內心痛苦的一種方式。他很小的時候，父親和一些最好的朋友就死了。接下來，他深愛的異母兄弟和他的女兒索菲死於第一次世界大戰。後來，他想成為偉大神經學家的職業願望也遭到挫折。最後，他待之如子、最親近的學生卡爾‧榮格，在跟他忠誠合作幾年後背離了他。過了一些年，希特勒政權上台，發生了迫害猶太人的浩劫。佛洛伊德一家遭遇了死亡威脅。但是佛洛伊德堅持著他的重要研究。他躲過了浩劫，來到倫敦生活，直到 1937 年死於一種痛苦的癌症。我認為，除了他對夢的科學興趣外，他通過夢的研究所發現的真相對他是一種安慰，幫助他在經歷所有這些悲劇之後仍然維持著活力，堅持著他的人道主義精神。」

瑪麗—何塞的故事

　　會場上的氣氛變得沉靜，大家都沉浸在喬伊斯的講解所激起的很多想法中，同時也被佛洛伊德在個人困境中的掙扎所感動。喬伊斯現在開始舉一個例子來說明精神分析在現實中的運用。

　　「我想您可能會對我一位病人的夢感興趣，而且，她做夢的方式引發了我自己的一個夢。我選擇這個例子來說明佛洛伊德關於睡眠和夢的思想，也可以讓我們一窺精神分析的過程。我只談這個病人的分析中跟我們的話題有關的一小部分。為了保護隱私，我

們稱這位病人瑪麗一何塞。她第一次到我這裡來要求診療的時候是三十五歲，原因是她說自己有睡眠問題。她在夜裡感覺恐懼，沒有高劑量的安眠藥就無法入眠，但這只有在她孤身一人時是這樣。她很愛丈夫，但她的丈夫經常外出，這樣她就經常是單身一人。她也多次回到父母家去睡覺，但又覺得在她這樣的年齡這樣做是不對的。她還患有曠野恐懼症和幽閉恐懼症，所以她既要避免空曠的開放空間，也要迴避封閉的小空間。她喜歡去音樂會，但是必須坐在靠近出口的座位，以防感覺自己『被幽閉』了。她去理髮店時，必須把車停在看得見的地方，還得把車鑰匙放在手邊，以便在突然感覺恐懼的時候可以跳進車子，立即回家。這些症狀造成她極大的精神痛苦，她想知道為什麼她會吃這個苦頭，這到底是怎麼回事。在我們第二次初步面談的時候，她給我講了更多家族史細節以後，她隨便地提起，『還有一個小問題，但那不是一個真的問題。』（我心想，也許這是一個真的問題？）她每天必須小便很多次。為此她看過兩個泌尿科醫生，他們說她沒有生理上的問題。她補充說，『這不是一個心理問題，這只是因為我的膀胱比其他婦女的膀胱要小得多。』她走了以後，我在筆記本上寫下：『她是不是認為她有一個小女孩的膀胱而不是一個成年婦女的膀胱？』」

「在兩年的精神分析期間，她幾乎不再提起她的小便問題。她會提起，例如她預想她去聽一場精彩歌劇的機會要糟蹋了，因為她害怕不能得到一個靠走廊的座位，這樣在表演期間沒法去幾次廁所。她覺得這是一個沒法解決的問題，而她的失眠症卻是可以改變

的。就這樣，我聽她說了很多有關失眠的事，一點一點地，我讓她說出在她無法入眠時在想像什麼。她說她害怕有個男人會從窗戶裡進來強姦她。她當然會反抗，而他會殺了她。我問她認為這個人會是誰，可是她說不出來，也無法解釋為什麼當她孤身一人時這人就會出現。我說，『他是妳的一個角色；是妳想像出了他，把他放在妳的窗外。』她不同意，堅持說這類事情是經常發生的，她還會帶一些報導婦女被男人攻擊的剪報給我看，雖然她從沒有找到男人從女人的窗戶爬進來將之姦殺的報導。」

「最後，為了讓她分析她恐懼想像的產物，我給她講了一個笑話，一位女士夢見一個高大英俊的男人接近她。這女士喊道『你想對我幹什麼？』那男人回答說，『我還不知道呢，夫人，這是妳的夢！』她終於笑了起來，這是她在講述她的強姦殺人犯時第一次笑，她說，『天哪！這正是我的故事！』漸漸地，她的幻想變成了一種情色幻想：『我入睡前想著一個殺人者從窗戶進來，親吻我，和我做愛。』（情色幻想是一種克服很多恐怖經歷及幻想的最有效方式！）漸漸地，瑪麗—何塞不再使用安眠藥，但是她現在必須自慰來使自己入睡。這讓她感覺困擾，她覺得自己必須這樣做，不管她是不是需要這樣。」

「她的另一個主要話題是她的母親。瑪麗—何塞總是訴苦，『她沒完沒了地給我打電話，試圖邀請我去音樂會，老是想把我弄回家。她真是煩人，她就是不能不管我！』我們就此談了很多，給我的印象是瑪麗—何塞的丈夫有點兒像對待母親那樣待她。她還有

另外一個念頭，她認為那不是個問題，那就是她不想要孩子。她在某些方面自己還是個孩子，在我看來，她認為這世界上只能有一個母親，那就是她的母親；她必須仍然做個小孩子，只有小孩子的膀胱。」

「有一天她對我很惱火。她說，『我想，妳一定很高興我現在能輕易入睡了吧，可是我白天的問題仍然很糟糕，我媽仍然像以前一樣煩我。』我說，『也許我對妳來說是個壞母親，因為我沒有幫妳解決妳的問題。』她說，『是的，妳對我的幫助不夠。』我要她多談談她的感受，她說，『昨天我去拜訪蘇珊，她是我媽媽的老朋友，我很愛她。那裡沒有地方泊車，我只好把車開到盡量靠近她房子的地方，因為我害怕穿過空蕩蕩的大街，這是接近她那條街唯一的路。我在路上轉了半個小時找個泊車的地方。妳看，我仍然像以前一樣有病！然後，我得想辦法怎樣到我朋友的房子那裡，因為這是一條單向道。所以我想出了一個了不起的辦法：我開過大街，然後在單向道上倒著開，最終把車停到了蘇珊的房子前面。蘇珊說，你晚了很久，我以為妳不來了呢。』我感覺很難為情，因為我不能告訴她為什麼。」這天夜裡她做了個夢：『我在暴風雨的大海裡，我非常害怕。浪越來越大，雖然我環顧四周覺得景色非常美麗，但是仍然非常嚇人。我想我要死了，我對自己說，我得找到什麼能夠抓住的東西，否則就要淹死了。我看到一些人們用來拴船的柱子，我記不得那叫什麼。我伸手去抓它，那是石頭的。』Pierre 在法語中的意思是石頭，她父親的名字叫 José-Pierre。於是我想，『她是

不是抓住了她的父親？』她繼續說，『我嚇醒了。我想這跟我母親有關。』在法語中，la mere 的意思是『母親』，la mer 的意思是『海洋』，因此通過詞語的聯繫，母親在夢境中可能以海洋的形象出現，這是可以理解的。瑪麗—何塞有同樣的聯想，所以她繼續說，『這個夢並沒有新意，就是關於我那壓倒一切的母親，我總是怕得要命，因為她的占有欲令人窒息。』我問她，『那根你想不起來名字的柱子是什麼呢？』前意識的記憶突然出現了。『我想起來了，那叫 une bitte à amarrer』。在法語中，bitte 是拴船的柱子，但是 bite 這個詞發音和 bitte 相同，卻是粗話中表示陰莖的詞。那麼 bitte à amarrer 意思是將船拴在狂暴的大海邊的柱子，也可以代表他的父親，以他的性器官為象徵，她則是抓住了一個父親象徵，以保護她躲避壓倒一切的母親。不過，她的下一個聯想讓我更驚奇。」

「她繼續說：『我在想我的父親，有一天我看到他在浴室裡。我看到了他的陰莖，我知道我不應該看。我非常激動，同時也非常驚恐，怕我的母親會對我非常生氣。』於是，現在她開始想到，代表母親對她非常生氣的夢，是因為她兒時瞥見父親的陰莖而引起的性興奮。」

「潛意識的一個自相矛盾之處是，你感覺別人對你做的所有事情，你也感覺你在對他人做。這兩人之間的聯繫才是最重要的。所以我們或許會想，這是不是說，瑪麗—何塞想要淹死她母親（不管怎麼說，她是做夢者，是她創造了這個具有暴力含義的夢）。然後我開始想到她的頻尿問題。小孩子對自己身體的分泌物有很多幻想，經常會

想像他們的父母的性關係是這樣的：他們交換唾液，或者互相交換排泄物或小便。於是我開始問自己，她的頻尿問題跟兒時的幻想是否有關。還有，兒童對他們身體的產物經常有兩種矛盾的態度：一種認為它們是一種禮物，一種愛的方式。另一方面，它們也被想像成壞的、具破壞性的東西。好的小便是給母親的東西，壞的小便則是對母親的懲罰（也許是在狂暴的海洋裡淹死她？）我就這樣想：也許每次小便她都是把母親從她自己身體裡沖出去，或者是要把母親淹死在小便裡。但我沒有這麼說，因為她還沒有給出任何聯想使得我可以做出這樣的解釋。」

「這是那個療程的結尾，我感覺頗為失望。我在筆記上寫道，我們沒有得出任何新內容。她仍然對她事事包攬的母親非常生氣，仍然渴望得到她父親的安慰和保護。我們無數次討論過這些話題，那麼我漏掉什麼了嗎？雖然我沒有立即意識到這一點，我確實忽略了一個事情，即那個年長的朋友，一個母親般的人，不是憤怒的、令人害怕的母親，而是一個可親的母親；而且，為了要來到此人身邊，她必須違反法律，在一條單向道上倒著開車。那天夜裡，倒是我做了個跟白天所思考的這些事情有關的夢。這個夢給了我如此奇怪的印象，我在半夜裡醒來就再也不能入睡。最後我把它寫下來，因為它讓我大為困惑。」

「我夢見我要在巴黎一個我所不太熟悉、卻有危險名聲的地方見一個人，每個人都在妨礙我。我在夢中大叫，『對不起，我有一個預約。』有扇門打開了，一個看上去頗有異國情調的東方女子說，

『進來吧。』她裹著閃爍的絲綢。我看著她，她說，『你知道，你來遲了。』我很難為情，因為我感覺遲到很不好，於是我伸出手去撫摸她的絲綢衣服，希望她能原諒我。然後我突然想到，除非我做到這個女人想要的所有事情，否則我是得不到原諒的。我想她會觸碰我，並且抱住我。我將和她發生某種情色關係，而我認為我沒有辦法，只能讓這個異國情調的女子做她想和我做的事情。我驚恐地醒來。這個夢的主題顯然是同性戀，我不記得我以前有過任何這樣的夢。給我進行精神分析的兩位分析師都是男性，從來沒有對我做出過任何同性欲望的解釋（也許是因為他們完全沒有意識到，因為我沒有給他們線索？）」

「我無法理解自己為何會做這樣的夢，我就開始自由聯想。我立即想到了瑪麗—何塞的分析療程，通過語詞聯想到她母親的朋友。『妳知道，妳來遲了。』我前意識中的這個片段可能觸及了潛意識中模糊的思想。我的夢和瑪麗—何塞訪問她深愛的年長朋友，這兩者之間的聯繫是什麼？然後我想起來，她只能走一條被禁止走的單行道才能到那裡去。這個朋友當然是一個母親形象，人人都知道，跟自己的母親有性關係是禁止的。但是我夢中的美麗東方女子是誰呢？另一個前意識記憶突然冒出來。六、七年前我對一位中國女子進行過幾週的診療，她因為跟女性同事和女性朋友相處不好而來尋求幫助。我記得她的父親有三個妻子：大老婆、二老婆和小老婆，小老婆是她的母親。大老婆是『掌管一切的正妻』，而她抱怨說，她自己的母親對她來說『更像是個姐姐而不像是個母親』。她

們會說悄悄話，議論父親和大老婆，就像小孩玩遊戲一樣。」

　　「這是我記得的關於這個病人的所有問題。我很同情她沒有『真正的母親』而不得不接受一個姐姐般的母親這樣的悲傷。為什麼這樣的情況沒有發生在我身上？有個姐姐一般的母親，可以跟她玩遊戲、說悄悄話，那將會是多麼美好的事。這是一種特別的母女關係。出於某種原因，我試圖回想這個病人的名字，然後突然間想了起來：麗麗。隨後我有了豁然開朗的感覺。我自己的母親名字叫麗麗安！這個美麗的東方女子是我的母親偽裝出現在自己夢中。我是不是暗地裡希望有一個『母親—姐姐』？然後我想到，我的母親在很多地方和瑪麗—何塞的母親正好相反，而我突然意識到我很可能是嫉妒她們的關係。為什麼我沒有她那樣的母親——老是打電話來，要我到她那裡去度過週末，邀請我去聽音樂會？我開始自由地聯想。我母親非常活躍。她會玩槌球，打高爾夫，上聲樂課，喜歡給全家做飯，給我妹妹和我做漂亮的小裙子，非常投入地為我們所屬的教堂做事。母親總是忙忙碌碌，從不管我們。我們可以隨意拜訪朋友，到電影院看電影，玩體育運動等等。我妹妹和我認為，相比我們的一些朋友，我們很幸運有這樣的自由。然後，另一個記憶出現了：我大概六歲，我父親和母親進來親吻我們，跟我們道晚安，因為他們要去一個音樂會。我母親穿了一件美麗閃光的杏色絲綢短裙，就像我夢中的那位中國女子穿的衣服。我母親一點不像個異國情調的東方人，但是毫無疑問地，我六歲的時候認為她美麗絕倫。我想撫摸她的杏色絲綢裙子，雖然我總是相信我想跟著父親到任何

地方去，我現在想我一定也希望我母親會選我而不是我爸。那樣的話，我就也會有一件跟她一樣的小綢裙子，我們一起去音樂會，把我父親支走。」

「有了這些新的見解後，我期待著瑪麗─何塞的下一個療程。在下一次分析療程中，她說，『我母親又打電話來，要我去聽音樂會。』我說，『妳對妳母親抱怨了很多，但是妳又說她非常想要妳和她在一起。妳是不是想向我說明，即使她很煩妳，她對妳的感情仍然讓妳感到開心？』在一陣震驚的沉默後，她說，『是的，我想我從沒有告訴過你，我給她打電話的次數就像她給我打電話一樣多。』隨後她開始哭了起來，說，『我母親幾天前來電話告訴我說，她和我父親要出去度假一個星期。她說她希望我不會感覺孤獨，需要和他們在一起。他們想自己走開，想不再時時為我操心。擔心我孤身一人在巴黎！』我問她是不是認為她母親不該走開。『不，她應該去度假，但是我更想和她在一起，雖然我不大願意承認這點。』於是我的夢開始幫助我聽到她內心的聲音，這些內心聲音我和她都還沒有聽到：她也非常需要和她母親有一個緊密的關係。」

「在隨後的幾個星期裡，我們繼續探索瑪麗─何塞的小女孩自我潛意識中的同性欲望，以及很多只能用她的恐懼症狀表達出來的，深埋在內心深處的幻想。她對空曠空間的恐懼和對封閉空間的恐懼慢慢消失了。當她丈夫在的時候她很快樂，而當她丈夫外出的時候，她對自己的思考也挺快樂。可是，頻尿的症狀還在持續，我現在想要找到這症狀在她深層潛意識幻想中的意義。」

　　我可以看出達賴喇嘛非常專注地聽著這個病例故事，然後就出現了一種專注和好奇混合的表情，他的驚奇出於不習慣把心智看成一種心理學對象，更不要說面對現代都市生活中常見的神經性疾病了。他思索著說，「你是怎麼知道她的曠野恐懼症和幽閉恐懼症消失了的？」

　　喬伊斯笑著說，「有很多理由，也許最重要的是她不再認為她母親完全是壞的，也不再害怕她母親會因為她小時候發現父親引起她的性興奮而殺了她。她現在意識到她愛母親就跟愛父親一樣。所以，她害怕有個男人從窗戶進來（從窗戶進來是進入她自己身體的象徵）要殺了她的恐懼，變成一個男人會來愛她，這就是她愛的父親。但是這樣的愛是禁忌的，所以我們能把這些放在一起，發現空曠的或幽閉的空間是潛意識裡象徵令人窒息的母親，也象徵她憤怒的母親隨時隨地會出現來懲罰她。這些潛意識的幻想現在變成了有意識的思想，這些思想對我的病人來說是荒謬的，所以它們不再擁有控制她的力量。她也認識到，雖然她母親對她有很多要求，但母親很愛她，關心她這個唯一的女兒，她還明白了愛自己的父親並不是一個忌諱。雖然瑪麗一何塞仍然會對母親生氣，她知道她也愛她，知道對同一個人有矛盾的感情是正常的。她現在也知道，小孩子愛他們的父母，需要他們的父母。於是『戀母渴望』產生了，同樣產生了『原始同性戀』渴望。雖然我們還沒有解決她對母親的孩童般的情色感情，她和母親及其他人的關係變得簡單多了。她不再需要保護自己免受恐懼的幻想，這些幻想是她嚴重恐懼症的潛意識原因。」

　　「在精神分析的過程中，除了對夢的解釋外，還會出現很多別的情況，其中有些我們甚至從未說出來。首先，精神分析過程中，分析者和被分析者的關係有個獨特之處，這就是兩個人一起去理解其中的一個人，他們各自運用自己的心智和他們從自己的真相中能夠學到的一切來理解另一個人的真相。這本身就是一種有療效的關係。可是瑪麗一何塞仍然有頻尿的症狀。我想一定有什麼東西我們還沒能說出來，也許和她的自慰幻想有關，現在她為了能夠入睡，自慰成為強迫性的事。對我來說，我從沒有要她去探索她的自體性欲。當她又一次抱怨她在夜裡自慰的強迫性質時，我指出它代替了原來的強姦殺人者恐懼，這個強姦殺人者已經變成一個情色形象。也許她的幻想能幫助我們理解在她的強迫症後面是什麼。她毫不猶豫地回答，『啊，在我的幻想裡，男人女人都愛我，都在撫摸我。』然後她停下來，說，『但是有些事情我不想告訴妳。那是很愚蠢的事情；我有一個小小的工具，噴出一股水流來清洗牙齒。我用這個東西來激起我的性興奮。』我要求她告訴我關於這個工具的更多細節，她說是她母親給她的，但是她從來沒有用來清洗牙齒。我問，『也許在妳的幻想中，妳是一個和母親做愛的小女孩？』她說她從來沒有想過這個，但是感覺這或許是真的。然後她回憶起小時候她經常尿床。這個回憶釋放出很多童年的前意識記憶；她母親怎樣叫醒她，怎樣帶她去廁所以免尿床。她在她小便的時候說，『好姑娘，』然後把她抱回床上。這是非常柔情的回憶。突然瑪麗一何塞叫了起來，『我知道了！就是在我身體裡的這個小女孩，她不願意知道她是多麼愛她的母親。我現在明白妳想向我證明什麼了，我需

要像一個小女孩一樣對我的母親有情色幻想，我就可以變成像她一樣的女人。』她的頻尿症狀漸漸減少了，雖然當外部環境使得她焦慮或憤怒的時候，這個症狀還時不時會復發。」

「所有這一切用了五年的艱苦工作。她的性生活變得更好了，她第一次想到要個孩子。因為不再害怕開放的空間，也克服了在水面上空飛行的恐懼，她也開始跟丈夫一同旅行。我覺得她正在各方面成長為一個真正的女人。她不再相信世界上只能有一個母親，她也不再為小女孩的性和小女孩的膀胱而感到驚恐。所有這些想法原本都在她做的大海風暴夢的核心中。這些思想花費了大量精神分析來揭示出真相，那帶著死亡的大海也是愛的風暴，愛她的父親，願意像小孩一樣和母親融為一體，為了讓自己成為一個女人，一個母親。她內心世界的憤怒海洋漸漸變成了『智慧的海洋』。」

佛洛伊德之後

瑪麗一何塞的心理康復故事十分吸引人，短暫停頓後，喬伊斯準備結束她的講解。「佛洛伊德已經去世五十七年了，很多人繼續進行他在夢和睡眠方面的研究。有些研究者擴展了他的主要概念；另外一些則批評他的這些概念，因為新的臨床發現提出了新的問題。關於佛洛伊德的夢理論，一個最早也是最重要的批評者是 Géza Róheim，他既是精神分析師，也是人類學家。他運用自己掌握的精神分析知識來更好地理解原始社會和人類學。在研究了澳洲

原住民以後，他堅定地認為精神分析師應該更多向人類學學習，精神分析和人類學可以互相促進。在他的最後一本著作《夢之門》中，他講述了他是怎樣認識到同樣的幻想出現在所有人類的夢中，這個『永恆之夢』不僅出現在西方，也出現在所有文明的人夢中。[4] 他最後得出結論，理解另外一種文化的鑰匙是理解他們的夢。」

　　「佛洛伊德認為，在夢中你回到了在母親體內時的早期感覺，順著這一思路，Róheim 補充說，這種感覺也是一種死亡願望。生命本能與死亡本能在永恆地鬥爭，在這一思想之外，佛洛伊德增加了另一個維度，除了生命的欲望，還有欲望死亡的願望，這是一種回到存在之無機狀態的願望，這種狀態佛洛伊德稱之為涅槃原則（nirvana principle）。Róheim 解釋這種對無物的願望是深度睡眠的驅動力，代表了和母親合為一體的渴望。但是，另外還有一種力，Róheim 說：身體帶著潛意識和前意識醒來，向生命推進的力。他相信，這代表父親；身體並沒有『癱瘓』而是成為男根。他因此認為，在夢的狀態下，存在著要和母親融為一體的願望以及要與父親一樣成為強而有力男根象徵的願望之間的衝突。他推論說，這兩種相反的力迎頭碰撞，這種衝撞就是夢的原因。他還提出，夢給了男女同樣的男性活力和女性能量。Róheim 的研究引導他挑戰佛洛伊德的夢只有視覺形象組成的思想，他對佛洛伊德將夢看成一種文本，一種需要專門知識來解讀的文本這一方法提出了批評。」

4　G. Roheim, *The Gate of the Dream* (New York: Macmillan, 1965).

　　「事實上，當病人講述他的夢時，他就像背誦課文一樣報告一件事，這件事是發生在另一種心智狀態，另一個時間框架裡。它不再含有夢中經驗到的活力元素。其結果是，在精神分析過程中，你是在試圖解釋隱蔽的意義，但是這種解釋並不是夢。不少精神分析作者批評佛洛伊德的詮釋學方法。然而，佛洛伊德本人卻是第一個指出夢並非為*解釋而做*。」

　　「另外一些精神分析作者提出，生命和死亡衝動是由夢而重新產生的，是夢的過程產生了力比多，而不是如佛洛伊德所說的，夢只是表達力比多的載體。」

　　「然後就有一個有趣的問題，有些人似乎是沒法做夢。他們相信他們只是入睡和醒來，沒有體驗到進入另一個把時間和永恆結合起來的世界。關於這種不能做夢的現象，我們從一位精神分析師同時也是小兒科醫生那裡學到很多訊息，他的名字叫 D. W. Winnicott。Winnicott 畢生研究小孩和成人兒童性的方面。他發現，很小的孩子只要有一個他稱為*過渡物品*的東西就可以安靜地入睡，這可以是一個玩具熊、一個專門的玩具、一件母親的衣物等等，而這個寶貴的物件能把他們從一個世界轉換到另一個世界。當兒童開始說話的時候，他們一般就不再需要過渡物品了。當他們能夠說『媽媽』，可以想到媽媽令人心安的存在，語言就代替了物體。Winnicott 把過渡物品視為早期在自己和他人之間構築空間的方式，他宣稱這個空間就是創造力、藝術、宗教和所有其他文化能力得以存在的空間。這些又跟 Winnicott 所謂的*真正自我*相連，這是自我

的一個維度，它將個人引向感覺清新、有活力，以及自己和他人的內在顯示有緊密的接觸。他又進一步提出，如果沒有過渡空間（因為這個空間意味著有能力區別自我和非自我），除了其他後果外，還會妨礙造夢的能力。雖然每個人都有一個真正的自我，但對於有些兒童時期經歷過很多痛苦的人，真正的自我隱藏在一個虛假的自我下面。就此而言，他批評一些精神分析師在解釋夢的時候老是說，『這意味著這個，那意味著那個，』因為病人冒著風險給了分析師他認為分析師需要的東西，這就創造了一個更加厚實的虛假自我，在這個虛假自我中，病人不能完全放棄理性思想，因為他害怕空虛。Winnicott 把虛空視為一種創造性空間，在這個空間裡你接受在你自己心智中成長的新事物，對你自己和這個世界的意義有新的理解。」

「現在是我結束講解的時候了。我們可以說夢是我們跟我們自己的關係中最親密的形式。在夢中我們返回到我們最初愛的對象，我們最早和最難以言說的、生而為人的衝突。作為精神分析師，我們花費大量時間觀察並企圖理解我們的受分析者講述他們的夢。所以我們必須不斷提醒自己，我們正在接觸對做夢者來說非常寶貴的東西。正如愛爾蘭詩人 W. B. 葉慈的詩句：『請輕輕地踩，因為你踩在我的夢上面。』記住這點對我們大有助益。」

佛教裡有潛意識嗎？

　　喬伊斯的講解結束了，尊者用燦爛的笑容表示讚賞喬伊斯的努力。她立即抓住機會提出一個顯然在她心裡很久的問題，也是我們很多人想到的問題：「我想問尊者，在藏傳佛教的哲學中，有沒有和佛洛伊德的潛意識對應的概念？」

　　尊者立即作出了回答：「首先，在藏傳佛教中，你可以談顯現的意識狀態和潛伏的意識狀態。更進一步的話，你可以談論潛伏的傾向或習氣 [5]（梵文 *vasana*，藏文 *bag chags*）。這些是人們儲存在心識中從前的行為和經驗。在潛伏的意識狀態範圍裡，有一些狀態可以被條件活化，另一些狀態則不會被條件活化。最後，有些佛教經典說，白天人通過行為和經歷積累了某些潛伏習性，這些儲存在心中的印記可以在夢中被活化而顯現出來。這就給出了白天經歷和夢之間的一種關係。有一些類型的潛伏習性可以用不同方式顯現出來，例如影響人的行為，但是它們無法被有意識地回想起來。」

　　「不過，在藏傳佛教中也有不同的觀點，有些學派認為這些潛伏習性是可以回想起來的。這個問題特別跟精神障礙（梵文 *avarana*，藏文 *sgrib pa*）的話題有關，尤其是所知障礙（梵文 *jneyavarana*，藏文 *sheshya'Isgib pa*）。精神障礙有兩類：痛感障礙（梵文 *klesavarana*，藏文 *nyonmongspa'Isgrib pa*）和所知障礙。痛感障礙包括困惑、憤怒、執著等

5　譯注：直譯為「印記」。

等。使人痛苦的智能（intelligence）也屬於這個範疇，因為智能本身不一定有益健康。它可能是有所欠缺的，有可能會給人帶來痛苦。」

「至於所知障礙，有一個學派認為這些障礙永遠不會在意識中顯現；它們始終是潛伏著的習性。即使是在中觀應成派這一哲學流派中，也有兩種立場。一種認為所有的所知障礙從不會顯現為意識狀態，總是一種潛伏著的習氣。但是，另一種觀點認為有些所知障礙是可以顯現為意識狀態的。」

有一篇中觀論經典對回憶和這些習性的某種活化做出了區分。回憶就好比是你曾經有過的知覺行為之重演，也有一些習性的活化不是產生於回憶。在這篇經典裡舉了一個例子，當一個人在清醒狀態下看到一個漂亮女人，被這女人吸引，但是並沒有特別注意她。然後在夢中這個女人出現在腦中。這種回憶不同於標準的回憶，因為它完全產生於潛伏習氣的刺激。潛伏習性受到刺激而在夢中顯現出來，這個過程和直接的回憶過程很不相同。還有另外一個例子也涉及習性：你在從事某一類行動，在這個過程中你腦中積累起某些習性，直到某個時間它們開始出現成果。在此之前，它們不是一種你能回憶得起來的東西。」

這時喬伊斯說出了每個人都想到的話：「這和佛洛伊德關於記憶和夢的理論一樣複雜。我對您所說關於兒童天生帶來的那些習氣非常感興趣。一種習氣傳遞了幾百年，這個觀念讓佛洛伊德非常著迷；他稱之為我們的演化遺產。對胎兒記憶的研究觀察到胎兒

在母親子宮中就有的習氣。這些是不是在某些方面來說跟您稱為
bakchak[6]的習氣相似？」

　　尊者回答說，「這非常有意思，初看之下，好像演化遺產的
說法跟佛教的理論很不一樣，在佛教中這些習氣被認為是來自於前
世，是由心識流把它們從此生帶到來世。但是，在著名的印度佛教
哲學家清辨大師[7]的一篇論文中提到，小牛犢和其他很多哺乳動物
本能地知道到哪兒去吸奶，這些知識是從前世帶來習氣的成果。佛
教關於潛伏習氣的理論把這些視為精神活動，而不是生物的生理構
成。不過，我們有很多衝動與本能，有些是生物學意義上的，完全
對應於我們的身體。」

　　「例如，佛教把有情眾生分成不同的存在，我們人類的存在是
包括在欲望領域（欲界[8]）裡的。在這個領域裡，生命體的身體構成
使得欲望和執念成為占統治位置的衝動。所以這些衝動可以被看成
本質上是生物學意義的。還有另外一些傾向跟人的物理構成有關。
例如，傳說第五世達賴喇嘛來自於這樣一個家族，這個家族世系出
了很多具有特殊洞察力和其他神祕經驗的密宗大師。第五世本人也
有過多次特異經驗。這些很可能部分來自於他祖先的遺傳基因而不
是他自己的靈性發展。高深精湛的密宗修行不僅改變了心識，在十

6　譯注：Bakchak，藏文，即習氣，在佛學中亦譯為「隨眠」。
7　譯注：亦音譯為婆維耶毗吠伽、婆毗吠伽，意譯為明辨、分別明，為6世紀
　　時南印度佛教中觀派論師，復興了龍樹中觀學，開創中觀自續派。
8　譯注：佛教術語，世界的三種區域之一，與色界、無色界並稱為三界。

分細微的層面上也改變了身體。可以想像這種習氣從父母傳遞給了
孩子。看起來非常可能，如果你的父母和較近的祖先改變了他們身
體的細微構成和活力能量，那麼你的身體也因為前輩的成就而得到
改良。」

「此外，在佛教中，外部環境在某種意義上被看成是集體『業』
的結果。所以，舉例來說，一朵花的存在，和在花的環境裡生活的
有情眾生的業相連。但是，為什麼有些花需要很多水，另一些花只
要較少的水，為什麼有些花在某個特定的地區，為什麼一些特定的
花有不同的顏色等等，這些情況不能根據業的理論來解釋。這些只
能根據自然法則和生物學來解釋。同樣，動物食肉或食草的習氣只
是間接地和業有關，但是直接受制於牠們的物理構成。這讓我們想
起清辨大師關於牛犢知道怎麼吃奶的說法。這樣的行為，我們認為
是本能，其實確實是來自於業。可是這些或許也沒有做出全部的解
釋。可能有更多的因素影響，而不單單是業。」

心理秉性的複雜遺傳

這時喬伊斯插話說，「這非常接近精神分析學的一些論斷，
以及現在越來越多人感興趣的代際遺傳問題。在長期精神分析過程
中，人們發現潛意識中一些有關祖父母或曾祖父母的知識，往往是
一些以前從沒人說過的事。對猶太人種族滅絕浩劫倖存兒童的心理
問題，有過相當多的研究。倖存者的孩子或孫輩，通過他們的故事、

繪畫和夢，揭示了有關他們祖父母輩的痛苦經歷的知識，而這些知識從未有人告訴過他們。也許這些在家族內傳遞的心理印記，可能和來自於前輩的業的習氣相似？然後，當然，有純粹生物學的遺傳使得你看上去像你父母。但是也經常像更前面的祖輩。」

我有點擔心非科學方面的時間和遺傳概念跟嚴格的科學概念混起來，於是插進來說，「你是不是說，心理分析學家認為母親是無意中把一些影響傳給了孩子。我理解尊者說的是，有些人心識流中的有些東西不是來自跟父母的接觸。精神分析學是不是接受這樣的想法，有些東西不是通過小孩的養育，也不是通過遺傳，而是從長期的心識流而獲得的？」

喬伊斯回答說，「沒錯，這很接近榮格的潛意識定義，但這不是經典的佛洛伊德觀點。可是，這可能和佛洛伊德稱之為人類心智中的『不可知』有關，這是我們永遠不可能知道，卻又是全體人類都有的。」

達賴喇嘛總是要把概念瞭解得很透徹，他問道：「你能不能給『不可知』一個精確的定義？」達賴喇嘛的這種習慣是他所受佛學訓練的特點，有點類似西方分析哲學家要求術語必須非常嚴格準確。

「我來給出佛洛伊德關於做夢過程中『不可知』的隱喻。當病人試圖通過夢、聯想和記憶來理解和重建，就像是在解開一團毛線。你可以解開一部分，但是中心卻是一個你永遠無法看穿的結，

就是這個核心把整團毛線聚集在一起。這就是他稱為『不可知』的東西，他感覺那是無法定義的。」我們都注意到這個解釋不能算是個定義，這也反映了精神分析學呈現的隱喻，幾乎是文學的風格。

尊者繼續問：「我聽到你剛才說過，一方面有系統發生學的遺產，那是純粹生理學性質的，我想弄清是不是也有精神性質的遺產。你是不是說，小孩也從雙親的意識流裡得到一份遺產？」喬伊斯作出了肯定的回答：「從雙親那裡所得到的，兩個具有明顯區別的傳承：一種是純粹物理性的，另一種是精神性的。」這番令人驚訝的問答讓達賴喇嘛陷入了思考，隨後他說道：「我們可以將心識區分為粗糙和細微兩個層面。就粗糙的心識而言，從父母到孩子或許會有聯繫，舉例說，如果父母有一方有非常強烈的憤怒或執念，他們的身體內由於這種精神傾向而產生了生理改變。這就是說心識影響了身體。以後他們生下了一個孩子，這孩子的身體受父母身體的影響。這孩子的身體就可能影響這孩子的心識狀態，產生相似的非常憤怒或執念的經驗。在這種情況下，你看到的是粗糙層面的心識，憤怒或執念，從一代傳到下一代。這是一種可能性。這不是純粹的從心識到心識的關係，而是從心識到身體、再從身體到心識的序列。」

我再次堅持說，「從生物學家的觀點看來，唯一可能的遺傳包括生理學的和形態學的有機體。我們可以從遺傳得到父母習得的特性的思想叫做拉馬克演化，現在標準生物學認為它是錯的。[9]相反的觀點，我只能從遺傳得到父母的構成和特性，其他都是我作為一

個孩子跟父母接觸而習得的。從生物學來說，稱其為遺傳是用詞不當。遺傳一詞只能用於結構性的父母傳承，這是一種先期條件，使得我們早期跟父母在一起就能得到那些習氣。在生物學中，系統發生學（基因遺傳）和個體發生學是有所區別的，個體發生指的是我開始生活後習得的東西。佛教的心識流概念看起來既不是系統發生學的，也不是個體發生學的，而代表了一種不同的傳承，因為它來自於跨個體的心識流。這是當下科學不能理解的。我很好奇的是，這第三類遺產，既不是習得的也不是生理學的遺傳，在精神分析學中能不能被接受？」

達賴喇嘛問，「就性格特性而言，比如有人是急性子，或者別的被認為是遺傳的性格，生物學家認為它們是純粹生物學的概念嗎？」

「這是一個有爭議的問題，即自然—養育的爭論。多數生物學家會說，你可以繼承某些脾性傾向，但你實際上的性格主要依賴於養育你成長的環境。你無法將其簡化為純粹基因因素或純粹習得的性格，因為性格的形成與二者都有關聯。」

尊者繼續說，「我想弄清楚這一點：生物學是不是否認這樣的可能性，一個人可能有影響他們身體的憤怒傾向；然後，如果這人

9　譯注：1980 年代後興起的表觀遺傳學（epigenetics）則認為，在「非 DNA 序列變化」情況下，遺傳信息通過某些機制或途徑，發生可保存并傳遞給子代的基因表達或細胞表型之改變，此現象稱為「表觀遺傳」。

有了一個孩子，這孩子的身體可能受到了影響，最後，這個孩子的身體構成可能導致這孩子有憤怒的傾向？」

我提出這不難用生物學的術語來重新表述。例如，我們可以說，懷孕的母親遭受極大的壓力或抑鬱，會在生理上影響胚胎的環境，這孩子就可能在某些方面不再是母親正常情況下生下的孩子。但是生物學家會把這稱之為個體發生的。

這個談話變得十分簡明，其他人也可以發表看法了。彼得・英格爾的看法仍然沿著生物學的思路。「由於對出生後分開撫養的雙胞胎進行的研究，什麼是遺傳的，什麼是環境影響的，這整個爭論在近幾年有了很大的變化。現在人們相信，我們自認為屬於『自我』的東西更多是來自遺傳，比西方科學從前所相信的更少是來自於環境。這些研究是對同卵雙胞胎進行的，他們在出生後就由於種種原因而分開了，可能是在不同的國家長大，由不同的父母撫養，也不知道自己是雙胞胎。當他們重新相聚的時候，在多數情況下他們有很多的相似性，這種相似性比任何人期望的都要多。例如，他們可能穿著同樣的衣服，有同樣的髮型，有同樣的工作，或者跟有著同樣名字的人結婚。」尊者這時評論說，他聽說過這些研究，但是相似性並不是都存在。很明顯，這些研究意義重大，但是並沒有證明人可以繼承父母習得的特性。

精神分析師再度加入爭論。喬伊斯說，「我並不肯定。我們繼承了很多特性和傾向，它們顯現在我們特定的家族史和對事物的反

應方式上。現在的精神分析研究聲稱，孩子在出生的時候都有一個他們稱之為核心自我的東西，這可能包括一些不屬於父母的特性。他們不是空白的基因遺傳的螢幕，而他們的父母在他們的心識中寫下第一個結構。他們已經有了他們自己的心識。除了胚胎習氣外，那些遺傳雖然不是來自跟前幾代及個體發生都沒有關係的知識心識流，卻似乎可以來自於很多代以前。但是有些精神分析學派的思想是接受『第三類』天生知識的概念的，尤其是那些受榮格思想影響的人。」

基礎意識和潛意識

　　關於遺傳的討論似乎已經進行得很長了，我想回到跟佛教理論中的潛意識平行的話題上。對佛教理論中的阿毘達磨這部分有所瞭解的人都熟悉*阿賴耶識*[10]的概念，通常翻譯為「儲藏室意識」或「基礎意識」，這是一切存在的背景，所有日常經驗的表現都從其中產生，你可以在觀想時經由內省接觸到它。我好奇*阿賴耶識*是否跟潛意識相關，我對這點頗為好奇。

　　尊者的反應令人讚嘆。「這種基礎意識的存在本身在中觀應成派系統中是被駁斥的，而中觀應成派被藏人普遍認為是佛教的最高

---

10 譯注：*Alayavijnana*，梵文，阿賴耶識又譯為阿梨耶識，也稱為一切種子識，異熟識、阿陀那識，是由瑜伽行唯識學派提出的學說，是這個學派的基礎理論。

哲學系統。簡單來說，這種基礎意識或儲藏室意識，被認為是所有印記或*習氣*的放置處，即一個人在此生和前世所積累起來的習慣和潛伏傾向。這種意識被認為是道德中性的，既不是美德也不是不道德，它是潛伏的特性的基礎。最後，它是不可確定的，也就是說，它可以有對象作為其內容，但它是無法確定，或無法把握的。現象可以對它顯現，但它並不確定這些現象。基礎意識和精神分析中的潛意識的主要不同在於*阿賴耶識*是向意識顯現的。它始終存在，而且是在一個人的身分基礎或核心的意義上顯現。相比之下，精神分析中的潛意識無法用清醒時的意識來確定，只能通過夢、催眠和其他類似的狀態才能接觸到。潛意識是隱藏著的，凡是顯現出來的就不是潛意識本身，而是潛伏的特性或傾向，它們儲存在潛意識中。另一方面，儲存在基礎意識中的東西可以成為意識，而基礎意識本身是始終在的。」

我問道，「所以，佛洛伊德潛意識和*阿賴耶識*的基本區別就是，基礎意識可以不加偽裝地顯現，不需要通過夢？」

「是的，它更像是意識本身，因為它的功能就是成為成熟的意識。」

喬伊斯問道，「從精神分析學的觀點來看，一個嬰兒的第一個外在現實就是雙親的潛意識。這可能包括他們的*阿賴耶識*？或者是嬰兒的*阿賴耶識*？」

「基礎意識被認為是一種從沒有開端的時間而來的心識流，是

通過相繼不斷的前世後生而傳遞的意識之流。在佛教中，轉世是被普遍接受的，根據佛教的瑜伽行唯識學派，基礎意識從一世轉向下一世。此外，它也是精神習氣在新生嬰兒和父母之間傳遞的基礎。」

瑜伽行唯識學派是大乘佛教從西元 4 世紀開始在印度興盛起來的一個重要學派。它也被稱為唯心識學說。它的倡導者是唯心主義的，認為在意識之外沒有實在，他們發展了阿賴耶識理論來解釋現象看上去的連貫性。看到佛教中就像心理學或生物學中一樣有很多互相衝突的解釋，這非常有意思。這時達賴喇嘛說明了他自己的立場：「就我個人的立場而言，我完全否定基礎意識的存在。瑜伽行唯識學派覺得有必要提出這一類意識的理由，不是因為他們有強烈的推理依據或實驗證據表明其存在。他們不得不這樣做，因為他們是相信現象一定是實質性存在的哲學家。他們想要相信自我是可以在批判性的分析下找到的。自我不能設定為身體的連續體，因為身體在死亡時就停止存在了。因此，為了給自我定位，他們需要一樣東西能在死後繼續下去，而且必須是精神性的。如果其他任何精神意識能夠被設定為自我，無論是完整的或是不完整的，它們可以通過不同階段而變化。此外，還有觀想的經驗，在觀想過程中，觀想者處於無思索的狀態，所有的意識狀態，不管是完整的還是不完整的，都不再存在。但是總得有某種東西傳遞下去。由於所有這些原因，瑜伽行唯識學派假設存在額外的一個意識類別，就叫做基礎意識。這一步假設完全是出於理性。根據他們的理性前提，他們不得不創立這一類意識，而不是通過經驗性的研究或領悟。」

習氣和「僅我」

　　「心識流的印記，或習氣，怎樣進入這個討論中，這需要考察佛教的其他學派。」尊者在這裡是指中觀應成派之前的思想流派。在達賴喇嘛所屬的格魯派，中觀應成派被認為是最高深的哲學（格魯派是 15 世紀宗教改革家宗喀巴創建的，在後來的幾百年裡成長為占統治地位的學派，並有顯赫的達賴喇嘛傳承世系為其精神領袖）。應成派是藏傳佛教的第二波發展，即稱為中觀論的產物，中觀論由大學者龍樹菩薩（西元 2 世紀）領軍。特別具有歷史意義的一個早期學派是自續中觀派[11]（在 5 世紀盛行），它是在印度學者清辨的著作基礎上建立起來的。「自續學派說，你用不著去設定一種基礎意識。精神意識的連續本身會起到這些習氣儲存之處的作用。這是清辨的結論。但是，這一立場也有問題，因為沿著覺悟的路徑有一種專門的狀態叫做*明察過程中的不可中斷狀態*。在這種狀態中，你成為完全沒有思索的、超越性地瞭解終極實在；據說這種狀態是完全擺脫了任何汙染意識的。如果是這樣的話，那麼這種超越性的明察狀態就不是各種完整的或不完整的習氣的存放之處。清辨大師是否提出過或答覆過這個問題，我們並不清楚。」

---

11 譯注：*SvatantrikaMadhyamaka*，佛教中觀派之一，盛行於公元 5 世紀。清辨大師反對瑜伽行唯識學派對龍樹學說的詮釋。在因明學方面，清辨此派在論辯時會先建立自宗看法，再用自宗看法以辯破他宗，故稱為「中觀自續派」（*śvātantrika*，自立量派）。在教義上，他的見解與顯教或經教之乘相近，因而又被稱「順經部行中觀派」。

「現在我們回到中觀應成派的觀點，它批判了以前所有的觀點，包括清辨大師的觀點。針對前面提到的問題，中觀應成派說，你不需要把精神意識的連續體作為潛伏習氣存放起來。事實上，這些問題之所以產生，是因為這裡有一個潛伏著的實質性假設，假設有些東西必須是通過分析找到的，*自我*必須是一個存在的東西。人們提出各種各樣的想法：基礎意識、精神意識的連續體等等；但是他們都徒勞地試圖發現一些實質性的東西，一些可以通過分析能被定義的東西。這是根本性的錯誤。如果你擺脫了這個錯誤，就像中觀應成派所做的那樣，那麼在分析之下不存在什麼自我。你完全放棄這一企圖，你就把自我看成是純粹為了慣常性的方便而做出的定義。」

「然後我們回到這些精神習氣的存放之處的問題。中觀應成派也主張如果你在從事某個行動，你會積累某種精神習氣，我們暫且可以說它儲存在精神意識流之中。你沒有必要有一種內在實質性的連續體用來永久地存放這些習氣。你之所以不需要，因為心識之續流和儲存的習氣都只是為我們便於討論而存在，並不是實質性存在。由此，你不必擔心沒有思索的觀想狀態。根據中觀應成派的觀點，習氣儲存在『*僅我*』之中。那麼這個僅我的性質是什麼？在什麼地方能找到它？其實並沒有什麼能找到，它只不過是用不同方式定義的某種東西。我們回到無思索，明察終極實在的問題，在那樣的時候，這些習氣放置在什麼上面？就放置在僅我上面，因為仍然有一個人在那裡，這純粹是為了便利。所以，這個人就是容器，但是這不是其他學派主張的分析之下能夠發現的容器。」

「可以說，『我』是在粗糙的合成（心理物理的組成部分）或細微的合成之基礎上定義的。同樣，『我』可以是在粗糙的意識或細微的意識基礎上定義的。有一個方法來理解這一陳述，即僅我是精神習氣的容器，這是從世俗角度上來看的。當一個人做了一件事而留下了某種習氣，他就因為這個經驗而有了某種傾向。如此而已。你沒有必要為這個傾向的存放之處而找出一個實質性存在的基礎。這是中觀應成派的觀點。」

更多關於僅我的討論

佛教傳統中對自我定義的精細和複雜，不可避免地引起在座西方哲學家的問題。查爾斯·泰勒一直在努力思考他對這問題的理解：「也許和西方哲學的類比可以幫助我們理解。休謨曾經對自我做過一個著名的陳述：『我在我內部尋找，想要發現一個特殊物，它就是自我』；但是他沒有能找到。我想您所說的部分意思是，他想要找到通過分析能夠挑選出來的一個特別元素，那是問了一個錯誤的問題。你可以有另外一種自我觀，自我是一種沒有任何連續元素而仍然可以作為自我呈現其自身的東西。西方的用一條船來做類比：如果你每年換一塊船板，經過了很多年之後，你完全可以說，雖然所有的船板都換過了，這仍然是同一條船。你可以給出一個因果陳述來說明為什麼這條船是唯一的、連續的因果流。我想對生命連續性的類似陳述也可以解釋佛教的觀點，為什麼習氣可以在這個連續

實體的整個生命中起作用。這是一個連續的實體，因為它有連續的因果歷史。我想這會是答案，然而……」

「和特殊性相反的普遍性，你的本體論觀點是什麼？」達賴喇嘛插話打斷了他，「你知道，普遍性和特殊性是西方哲學中非常厚重的概念，它們也是佛教哲學中非常精確定義的概念。當我從藏文翻譯而使用這些概念的時候，它們的意思絕不能保證和西方哲學中的概念相對應。例如，就這條船的例子而言，讓我們先從即時性和特殊性的角度來看。就此而言，第一年的這條船已經不是第二年的同一條船了，以後一年一年都是如此；可是，在過了三十年以後，你仍然可以在一般性意義（梵文 *samanya*，藏文 *spyi*）上談論這條船。你是不是能認為這個一般性的船可以被稱為普遍性的？」查爾斯同意這是普遍性的。尊者繼續說，「在此期間你都有這條船特殊的臨時性實例：你有今天的船，A；明天的船，B；後天的船，C；A 不是 B，B 不是 C，以此類推。同時，在此期間始終有一條船，那是這條船的普遍性。你可以說第一天的船是這條船，第二天的船仍是這條船，以此類推，如此定義了在普遍性中的特殊臨時性實例。但是如果你問這條船是不是第一年的那條船，答案是 no。所以你不能把普遍性定義為一個特殊臨時性實例。」

「現在讓我們來看另一個佛教哲學系統，顯教或經教之乘。[12]

---

12 譯注：梵文 *Sautrāntika*，巴利文 *Suttavāda*，又譯說經部、經部，部派佛教的部派之一。

根據這個哲學系統，一個人，或者一個自我，既不是一種物理現象，也不是一種精神現象，而是一種變化的、非永久性的現象。物理現象被認為是自性的，是實質存在的。根據這個系統的思想，你可以用手指著他們說這是一種實質上的、真實無疑的存在。你的身體也同樣如此，非物理性的現象，比如精神性過程，也是這樣。心識是實質存在的。根據這個系統的觀念，跟前面討論的兩者相比，自我是存在的，但不是實質性存在。就此而言，在自我的連續性和船的連續性之間可能有一些不同，船是一種純粹的物理現象。在佛教的普遍性與特殊性實例的觀點中，你可以說一個青年的『我』，一個中年的『我』，一個老年的『我』。或者，就以我自己為例，我是一個人，我是一個僧人，我是一個藏人。所有這些都是『我』的特殊性實例，但也有一個『我』的普遍性存在。特殊性的『我』不等於普遍性的『我』。兩者是有區別的，但是它們都有相同的本質。將『我』看成是普遍性的，然後來考察它的特殊性實例，這是可能的，但是這並不是說特殊性實例和普遍性各有其本質。」

「沒錯，它們只是不同的描述，」查爾斯表示同意。但是他對原來的問題仍不完全滿意，繼續追問：「我能不能回到那仍然令我困惑的問題？假設我有某種習氣或印記。例如我容易發怒，你會說很多世前我做了什麼事情導致我現在這個樣子。所以你是在建立一個因果配置，在很多世前的事情和今天我的習氣之間的一種因果關係。為了做出這樣的因果配置，在以前的事件和今天的我之間，必須存在什麼樣的連續性？」我非常高興聽到他把這個關鍵性問題表

達得如此清晰。

粗糙心識和細微心識

對這個問題的答案，藏傳佛教中存在兩套學說：顯宗和密宗。顯宗是直接從佛陀的教誨而得出，被認為是全世界所有佛教流派的共同基礎。與此相反，密宗則是更為隱密和深奧的一套法門，它存在於西藏及早期印度的瑜伽師和神祕大師的傳承之中。多數藏人都把密宗視為最高深的法門。尊者說，「我一直是從中觀應成派的觀點來說的，這仍然是在顯宗的水平上。這個觀點並不涉及細微心識和明光；所以我們在講述自我或人的連續性時，不能使用細微身體和細微心識的概念。從中觀應成派的觀點來看，人的連續性是用類似於你的船的例子來維持的。一個人可以有特殊的身分，就像『我是僧人』『我是瑜伽師』，如此等等，而普遍性的『人』仍然可以用在所有這些身分之上。人的連續性之正當是以世俗便利來解釋：以世俗語言來說，你完全可以說，我在以前的某個特定時間有過怎樣的經歷導致我現在的行為。這就是說，你可以說，這個人，『我』，這個正在經歷後果的人，就是有著此前經歷的『同一個』人。」

「密宗的觀點和中觀應成派的觀點是完美相容的，但又進一步涉及了非常細微的心識連續性，以及非常細微的活力能量的連續性，它和細微心識有同樣的性質。」這個有關非常細微的心識和明

光 [13] 的基本思想在以後幾天的討論中將多次出現。這裡我們第一次領略這個多重涵義的概念。「這個雙重連續體永不會斷裂，無始無終，是自我得以認定的細微基礎。自我可以根據粗糙的物理與精神集合來認定，也可以根據這些非常細微的現象來認定。在有些特殊的情況下，當非常細微的活力能量和心識已經顯現而粗糙的物理與精神集合卻沒有顯現，在這樣的情況下，自我是根據那些細微的現象來認定的。可見你總是有認定自我的基礎，要麼是粗糙的，要麼是細微的。由於這個原因，你有了連續性，即使是在人達到涅槃、脫離輪迴以後。至少根據顯宗的解釋是這樣的。在一篇經文中，慈尊 [14] 做了一個比擬，就像從各個不同方向來的河流匯合到一個大海裡，大海裡的水就不再有各自的區分。可是，這不是密宗的立場。我將對即使是涅槃狀態中連續體仍然存在的說法提出質疑。」

然後他轉向查爾斯，直視著他。「我們現在回到你的問題，泰勒教授。我們可以問，非常細微的能量—心識連續體在純粹日常層面是否也存在，或者它必須有某種和其他東西都不一樣的實質性的存在？事實上，它的存在是純粹日常層面上的，這一點極為重要。現在你也許會問：根據這種非常細微的能量—心識，用什麼來認定自我？它是自己認定自己嗎？不是。當非常細微的能量—心識顯現的時候，它是非概念性的。它不是一種可以用來辨認出一個對象或概念性地認定任何東西的知覺。它在技術上被描述為一種非概念

---

13 譯注：英文 clear light，中文亦譯為「光明心」。
14 譯注：與彌勒佛同名的菩薩。

性狀態。當這種非常細微能量—心識顯現的時候，人沒有自我的感覺。這是一個要點。當我們說根據非常細微的能量—心識來認定自我的時候，那是從第三者視角來說的，而不是從第一人稱視角來說的。我們不可將兩者混為一談。例如，當非常細微的能量—心識顯現的時候，它沒有將明光作為對象。它本身就是明光。同樣，當你處於觀想入定狀態，經驗到終極實在的時候，你也不會知道你是在觀想入定狀態。但是，如果你是在這種深度觀想方面修練非常好的人，在有了這樣的經歷以後，你可以回過頭來看它，想到『在那個時候，我體驗到了明光。』這個時候，在某種意義上，這是一種第三人稱的看法。這是以一個外人的視角來回頭看此前某個時間你自己的觀想入定體驗。但是當你本身在這個狀態的時候，你肯定沒有想到任何東西。你沒有想到存在、非存在，或者任何其他概念性的東西。」

「這個非常細微的能量—心識，被認為是粗糙現象的細微近親，但這並不是說它是在分析之下能夠發現的，或者它具有某種實質性的固有存在。它沒有。你可以問粗分之識的連續體以及它的各種精神過程，是不是和非常細微的能量—心識完全不同。它們有各自的本質嗎？答案是沒有；它們不是具有不同本質的完全區分的連續體。相反，這是一個不中斷的非常細微的能量—心識，從中產生這種更為粗糙的精神狀態。」

慣常性認定

　　查爾斯再次試圖弄清楚，於是請達賴喇嘛定義他所說的詞「慣常性」（conventional）是什麼意思。尊者對這個重要的概念作出了冗長的解釋。「首先，它可以是簡單地指平常人的經驗，人們自然地，沒有任何特殊教育或哲學背景，作出諸如此類的評論，『我到了那兒；我做了這個；我是那個人；我是胖子；我是瘦子』等等；我們平時說我們自己的所有方式，經常用到一個詞，『我』。就是在這個意義上，我可以說我存在，唯一的理由是我現在正在說話。」

　　「但是，人們可能不滿足於此，而是進一步問，這個『我』的本質到底是什麼，然後開始探究。如果某樣東西在這樣的分析下是可以找到的，如果你把慣常性的用法拋開，追究它究竟是什麼，那麼你找到的就是某種確實存在而不只是慣常性存在的東西。中觀應成派否認在分析之下能夠找到任何『我』。我們退回一步來看我們平時，或者慣常性地怎樣說自我。我們說，『我很高；我是這個；我是那個；我做了這個；我做了那個，』我們停留在這個層面上就滿足了。在慣常性的意義上，我是存在的，符合我們平常說話的方式。自我以我們慣常地認定的方式而存在，就像我們平時說的那樣。它以這種方式存在著，如果我們不去探究它的本質的話。不追問它怎樣真實存在的問題，僅僅是平時慣常地用這個詞『我』，那麼『我很高』的陳述是完全真實的。看待這個問題的一個方式是考慮分析的範圍。當我們談論佛教意義上實在的慣常性本質，我們在

某種意義上接受了對日常經驗正確性的限制。例如，當我們超出慣常性地運用『我』這個概念，開始追問這樣認定的『我』的真正意思是什麼，例如，追問到底什麼是連續地存在著，我們就超越了日常生活的局限。如果你能夠找出這樣的一個真實的『我』，那麼從中觀論觀念來說，自我就是終極性地存在著。可是因為你找不到這樣的一個『我』，所以『我』的存在只能被理解為是在慣常性的框架之內。這是理解這問題的一個方式。」

「然而，如果確實如此的話，那麼荒唐結論是任何被認定的東西都可以說是存在的。雖然任何東西可以由認定而存在，這並不是說任何被認定的東西都是存在的。換句話說，任何你夢見了或者想像到了的東西，並不因為你認定了它或想到了它，它就一定存在。但是任何確實存在的東西，我們可以通過概念，以及／或者語言來認定它存在。當我們談論日常對象的存在時，我們使用兩個標準。一個標準是這種認定是大家都接受的習慣；那是日常經驗的一部分。但是這不是說真理是由多數決定的。一樣東西並不因為有較多的人相信就更真實，較少人相信就不太真實。所以，一個日常對象之存在，不僅必須是日常經驗能接受的，而且根據常識經驗它沒有跟它的存在相衝突。這是日常對象存在的兩個標準。」

「當我們談論哲學問題時，我們還必須加上另外一個標準：尋找對象的真正本質的終極分析不應該將這一對象否定掉。舉例說，剛才我們討論過的基礎意識（*阿賴耶識*）是否存在的問題。我們怎麼來判定這樣的東西存在的陳述是真還是偽？認為這種意識存在的哲

學流派的做法是根據一個假設，一個真實的人一定有某種實質性的東西存在。這是一種本體論的思想，當你尋找實在的終極本質時，如果它是實質性地存在著，那麼任何分析都不能否定它的存在。可是，相反的是，當你尋找基礎意識的終極本質時，卻證明它是不可定義的。」

查爾斯追問，「是不是有什麼東西不是在日常意義上而是在終極意義上存在著？是不是有什麼方式能夠描述這樣的元素？」

「在中觀論學派中，有兩種理解『終極存在』這術語的方式。第一種情況，它是指一種分析方法，這種分析探討實在的深層本質。例如，我們面前有一個對象，就像這個話筒。你探討這個話筒的實在之本質，你發現的是它沒有一致的身分。不存在實質，沒有真實的對象，認識到這一點正是通過我們稱為『終極』的分析。從這個角度看，一個對象的『無身分性』是終極性質的。但是這個身分缺失不能被稱為『終極性的存在』。雖然身分缺失可以被看作是終極性的，但它不是終極性的存在；因為如果你將它作為進一步分析的對象，尋找它的真實本質，你找到的是無身分性的無身分性。這可以無限進行下去。所以，身分缺失的存在也是日常意義上的。」

「現在，事實上有兩種方式來確證『無存在性』。一種是確定跟日常經驗如一般語言相衝突的指認。例如，如果你說這裡有一頭大象，顯然關於我們怎樣使用這個說法，可以有很多相互衝突的證據。這是一種決定這裡有一頭大象的『無存在性』的方式。另外一

種確證某物之『無存在性』的方式是通過終極性分析。」

「更進一步，有三種方法可以用來否定某物。第一種僅僅是日常的方式。例如，有人說這個人是約翰，而你可以否定這個說法，說這人是艾倫。在這種情況下，決定性的因素是多數的日常認定。第二種否定某物存在的方法是通過邏輯推理，第三種方法是通過直接的洞察。還有第四種方法，需要依靠一種更高的權威，這種方法必須要有信任。例如，有人可以說我生於 1945 年。但是我可以爭辯說我是生於 1935 年，這時我可以提出的權威性是我從別人那裡聽來的話。我自己是一點都不知道的，但是我聽別人這麼說，而他們是有權威性的。不是科學家的人接受科學知識都是用這樣的方式，建立在權威說話的基礎上。很多科學結論我們並沒有去驗證過，但我們接受了科學家的權威性和我們所信任的人的說法。例如，我接受了前面提到的有關 REM 睡眠的結論，依據的就是你所說的話。」

作為科學的精神分析？

討論到這個時候，哲學的精確性已經開始讓一部分與會者感覺疲憊，基本議題顯然已經超出有關佛教或西方關於自我、身分和連續性的簡單答案，查爾斯看到大家的疲憊，於是笑著說，「也許我們應該回到精神分析的議題上。很抱歉那些問題讓我們越出去太遠了。聯繫到昨天的議題，我想對精神分析的本質作出一點評論，因

為這在西方是個有爭議的問題。有些人說，精神分析不是像神經生理學那樣的一門科學，因為自然的硬科學標準，是認定其對象為獨立於我們自己的道德、靈性和情緒的東西。人們描述自己的道德激情等感受的語言是豐富多變的，總會有爭議。西方自然科學之所以成功，是因為科學家們找到了別的方式來認定和描述從這些差別中抽象出來的東西。精神分析則是用這些術語來處理我們的道德、靈性和情緒生活的科學，即處理人們的感覺、他們的自我感等等。結果是西方很多人把精神分析看為一種解釋性的或詮釋學的學問。在這類學問中，一定程度的爭議是可接受的，永遠也不會完全解決。新的理論會產生出來，把舊的理論掃在一邊。你可以說，當佛洛伊德談論生命本能和死亡本能的時候，他是發明了他自己的神話；還有人會談論父親原則和母親原則。這些都是互相競爭的神話，我們不清楚什麼樣的神話有助於精神治療。不同學派的精神分析法確實在治療病人方面取得了一些成功，雖然我們並不完全理解，引導這些人用如此這般的觀念來看自己的生活，怎麼會對他們有所幫助。」

「第二點是，所有這些不同的解釋仍然十分合宜地處於西方人的世界觀框架中。佛洛伊德和他的追隨者都認為他們是在探索人性的深處。在其他文化傳統中，夢可能是從卜卦的目的來解釋，是為了看到將來會發生什麼。持這種目的看夢，不是在向內探索，而是要看到夢者之外的東西。正是因為這樣，您是否認為精神分析的發現能幫助我們跨越不同文化？比如說，藏文化中有沒有預言性的

夢？」

尊者回答說，「從佛教觀點看，你不能指望有像你調查可度量的物理現象那樣的類似方法來探索心識，在調查物理現象的時候你可以尋找普遍法則和一致性，由此得出科學的規則。在探索心識的時候，變量是如此豐富，即使不提輪迴轉世的現象，就在此生的範圍內，也有許許多多的因素，造成人們精神狀態、傾向性、欲望、興趣等等的多樣性。變量是如此複雜，你不能指望找到類似於物理現象那樣的統一性和法則。由於人類心智的無限複雜，由於一個人與另一個人的巨大差別，我們所能做的只是當精神事件發生的時候，我們單純地加以描述。要做出任何時候對所有人都普遍適用的陳述是非常困難的。」

喬伊斯表示贊同，「換句話說，我們都在不同的理論下工作，也許正在創建不同的理論。但是，根據定義，一個理論只是一組沒有得到證明的假設，也許永遠也不能證明（如果這些假設能夠被證明，它們就會變成定律！）從這個角度來看，精神分析是一門人類學科學，它的理論永遠不能被證明。這是一組自洽的理論，得到了臨床觀察的支持，所以繼續在發展。」

討論至此必須暫停了，因為時間已經是中午。達賴喇嘛向所有人熱情致禮，離開了會場。會場漸漸安靜下來，只聽到窗外的鳥鳴。

第四章
清明夢

　　傑妮‧高肯巴哈是一位致力於社會科學研究的心理學家，她是世界上一小群在過去十五年裡對睡眠和意識狀態感興趣的科學家之一。[1] 她在陽光燦爛的早晨坐上了熱座。

　　「我的任務是在這兒介紹對清明夢的研究，稍後我也會介紹我稱為『見證夢』的研究。『清明夢』是指做夢者知道事實上自己在做夢。在這樣的夢中，對夢的知曉是跟夢的內容分離的，做夢者甚至可以開始操控夢的情節和角色，創造出自己願望的夢境。例如，在不愉快的夢境中，夢者可以想：『我沒必要忍受這個！』然後開始改變這個夢，或者至少是退出夢中的處境。『見證夢』則是在夢中體驗到一種安靜和平的內心明白狀態，或者清醒狀態，它和夢本身完全分離。」

　　「我在這方面研究的同事們大多集中在清明夢，將它視為一種自我反省的功能。在一般的夢中，特別是兒童的夢中，夢者一般不

1　譯注：J. Gackenbach and S. LaBerge, eds., *Conscious Mind, Sleeping Brain* (New York: Plenum Press, 1988).

出現在夢裡。有一點很重要，就是要注意到清明夢可以在任何夢中出現，這就是自我反省。」

清明的證據

「關於清明夢的記載存在於很多文化中，在歐洲可以追溯到有史記載的最早階段。[2] 不過我在此不做長期歷史的分析，我只說一下現在科學界對清明夢的研究狀況。」

「對清醒狀態夢存在的科學認可，直到 1970 年代中期才出現，那時英國的 Keith Hearn 和 Allen Worseley，以及斯坦福的 Stephen Laberge 同時發現了用腦電圖來證明做夢時清醒狀態的方法。他們獨立做了同樣的實驗：要求實驗對象在進入清明夢的時候動一下眼球。他們假設，實驗對象在夢中的眼球活動應該會在他們身體的眼球運動中反映出來，您知道，眼球運動是可以從外部監測的。這個想法的美妙之處是，做夢的時候所有其他肌肉運動是被阻斷的。」

「這個實驗是這樣安排的，實驗對象同意發出非常專門的眼球運動的序列，比如左、右、左、右。圖 4.1 顯示實驗對象在三十分鐘 REM 睡眠階段中最後八分鐘的紀錄。第一行是 EEG，第二行是左眼運動，第三行是右眼運動，最下面一行是肌肉狀態。肌肉狀態

---

2 譯注：相關總體介紹，包括歷史資料，見 W. C. Dement, "Psychophysiological Corretions of the Initiation of Lucid Dreaming," *Sleep Research* 10 (1986): 149.

的線條是平的，因為這是在 REM 睡眠階段。從醒著的狀態到進入
清明夢，實驗對象做了五次早先約定的眼球運動信號。第一組信號
『左、右、左、右』是週期（1）。這是約定的表示進入了清明夢。
大約過了九十秒，實驗對象意識到他仍是在夢中，於是再次發出三
對眼球運動的信號。然後他想起來信號是約定了只要發出兩個序

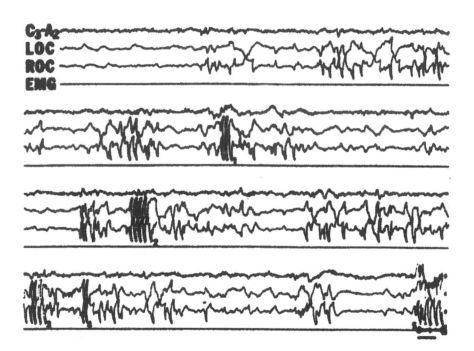

圖 4.1　一個典型的由夢開始的清明夢。四個序列的生理數據（顯示了三十分
　　　　鐘 REM 睡眠階段中最後八分鐘的中央腦電圖 EEG〔C3-A2〕，左眼和
　　　　右眼的眼球運動〔LOC 和 ROC〕，以及下巴肌肉張力〔EMG〕）。
　　　　（Gackenbach & LaBerge eds., Conscious Mind, Sleeping Brain,
　　　　New York: Plenum Publications，1988 年第 135-152 頁，經許可引用）

列，於是他又發出了兩對信號（4）。最後，一百秒後他醒來，正確地發出了四次『左、右』，即序列（5）。當他醒來的時候，他的肌肉狀態信號增加了。」

尊者顯然對這個實驗很感興趣，開始問一些細節。「給出這些信號的人能控制他的夢嗎？這人多大年齡？」傑妮回答說，夢者可以控制他的夢。他的名字叫 Daryl，他在做這個實驗時的年齡約二十五到三十歲。「當 Daryl 給出這些信號，知道這是在夢中，如果你跟他說話，他能聽到嗎？」傑妮解釋說，在 REM 睡眠狀態下，獲得這樣的合作是非常困難的，但有一例記載是這樣做過。尊者於是補充說，「在西藏的夢瑜伽修行中，有一個方法是，當你看到他們開始做夢的時候，輕聲地向夢者發出指示：『你現在在做夢。』」

然後他對其他細節提出問題：「在 REM 睡眠狀態，肌肉是癱軟的。在這種情況下，你怎麼解釋夢中的射精現象；即有些人在夢中發生性交並事實上達到了高潮？」彼得解釋說，這是一種反射。陰莖肌肉不是一種骨骼肌，只有骨骼肌在 REM 睡眠時是癱軟的。」

傑妮說，「雖然關於這些實驗還可以有很多可說，[3]我想接下來談談其他的心理學和社會研究，因為這些電實驗不是我的專長。不過，這些實驗確實將知覺狀態引進了睡眠研究的領域，這是非常重要的。」

3　譯注：S. LaBerge, "Psychophysiology of Lucid Dreaming," in Gackenbach and LaBerge, eds., *Conscious Mind, Sleeping Brain,* 135-52.

清明夢有多普遍？

傑妮繼續說：「在美國，只有大約 58% 的人一生有過一次清明夢。或許有 21% 的人會在一個月內有一次或超過一次的清明夢。也就是說，清明夢還是相當稀少的。可是，另一組以佛教徒或修行過超越性觀想的人為對象的研究表明，他們的清明夢次數上升到一星期一次或更多。這裡我們說的不是那些修行夢瑜伽的人，而是一般的觀想者。」

尊者補充了他的一個想法：「也許這可以看成是一個跡象，說明這些人有較高的專注力。在夢的狀態下，顯然有一種意識狀態，你可以在其中從事某種精神性的修行。例如，有人可以在這種意識狀態下修行密宗本尊瑜伽，或者培養慈悲心或洞察力。在夢中，如果你感覺到慈悲，那是真正的慈悲心在升起。會出於慈悲而流淚；這看上去是真正的慈悲心。可是也有人懷疑，這樣的慈悲心是不是很不同於清醒狀態的慈悲心。如果你比較夢中的慈悲心經驗和清醒狀態慈悲心的 EEG，他們的腦電波會有什麼不同嗎？」

我冒昧地回答說，「我認為這個實驗還沒有人做過。要知道這些 EEG 的測量是非常一般性的。如果你檢查一個人的 EEG，你無法說出這個人是充滿慈悲心的，或者是完全不在意的。很可能如果做了這個實驗，我們仍看不出 REM 睡眠狀態和清醒狀態涉及情緒的活動模式有什麼大的區別。」

清明夢者的特質

　　傑妮繼續講解：「我們感興趣的是，跟一般的夢中相比，清明夢中發生了什麼。除了知道自己是在做夢這一點，它們都是相同的，還是它們本身是不同的夢？這取決於你問誰。如果你問做夢者，清明夢跟非清明夢是否相同，他們會說清明夢是非常不一樣的：更令人激動，更加生動。相反地，如果你問一個讀了清明夢和非清明夢紀錄文本的評判者，他們會覺得這兩者幾乎沒有什麼不同。在統計分析方面，我們發現清明夢有更多的身體動作、更多的聲音。這兩個事實引導我們考察平衡這個想法。身體平衡似乎對清明夢非常重要，不僅是在夢狀態下，而且對清醒狀態也是如此。身體的平衡非常重要，就像在夢中飛翔，但是情緒的平衡也很重要：我要在夢中做一些事情，但是我必須記住我是在夢中，所以我是在兩個思路裡往返。我們猜想這可能跟涉及身體平衡的前庭系統有關聯，這個系統跟夢中的眼球運動聯繫在一起。有意思的是，我們發現在清明夢中比非清明夢中的人物要少。所有這些都讓我們思考是否存在清明夢特有的心理和認知傾向。我們發現是有這樣的傾向性，特別是在空間技巧的領域，比如身體平衡方面。」

　　尊者指出，觀想修行者有較高的專注力，似乎也更容易有清明夢的經歷：「也許觀想者有特殊的技能，因為他們對自己的身體能量、身體狀態和精神狀態有更多的檢視。也許這使得他們更能調節自己的身體狀態。你們是不是期待有能力做清明夢的人和他們的智

力水平有關？」

「這方面有一些證據，但是一般而言它沒有身體的空間方向感那麼重要。有些人在樹林裡或者不熟悉的街道上會完全迷失方向。另一些人能非常快速知道自己在什麼地方，不是因為他們看到了什麼，而是他們身體的方向感。有這種能力的人一般更有可能做清明夢。身體的方向感也會隨著觀想而增加。另一個因素是複合空間技巧，比如解決迷宮問題的能力。清明夢者做這類事情比較出色。最後，他們有更多的視覺圖像，他們的白日夢也比較多。」

「人格特質是第三個維度，比起空間技巧的影響要小很多。清明夢者往往趨向於有雙性氣質、更願意冒內在風險，比如嘗試新藥，或者嘗試打薩滿鼓。他們有很強的自我知覺。」

誘導清明夢

「怎樣提高夢的清明性？你可以在睡前做一些事情，比如培養做清明夢的意願。觀想是另一種可能性；有些人會在他們睡眠週期四分之三的時候醒來，大約是凌晨四點鐘，觀想一段時間，然後再入睡。這種方式似乎也有助於提高清明性。」

尊者面帶俏皮的表情說，「很多人把他們睡著的狀態和觀想狀態混起來了，不過他們不是故意混淆的。」我們都跟著他笑了起來。

　　傑妮繼續說，「巧的是，據報告，女人比男人更容易有清明夢，不過這是因為女人比男人更記得住夢。如果你記住了你的夢，那麼你更容易記住清明夢。大約有三分之一的清明夢是從夢魘開始的。另外三分之一是從意識到古怪的事情開始的，比如，『這很奇怪，我母親的臉不是紫色的。這一定是在夢中。』另外，白天打盹是做清明夢的好時候。」

　　尊者說，「這是很有可能的，因為這一類的睡眠狀態是相當細微的。這個人是睡著，但不是在深度睡眠中，專注力更強。此外，如果你坐著睡而不是躺下睡著，似乎更容易覺察夢。如果你能做到的話，你應該讓脊椎挺直了睡覺。」

　　討論至此，按照事先安排，這次會議的一位觀摩者 Bob Livingstone 代表 Stephen LaBerge 向尊者贈送一件禮物。Stephen LaBerge 就是著名的清明夢信號實驗的心理學家。這是一套裝置，用來幫助人開發清明夢並更好地記住他們的夢。Bob 解釋了這個訓練儀器：實驗者睡覺時戴上一個面罩，有一個微小的光信號來使機器跟睡者交流。面罩連接電腦。感應器能分辨使用者是否進入了 REM 睡眠，此時電腦給出一個輕微的信號。在經過一些練習後，睡者就能夠辨認出機器剛才給出了 REM 睡眠開始的信號，有可能清明夢就此開始。然後睡者可以作出有意識的努力去知曉並記住這個夢。這個裝置也記錄跟蹤實驗者每夜 REM 睡眠的次數、每週的總數，以及每月的總數。Bob 補充說，「LaBerge 博士也希望您知道，這個裝置還在改進之中。現在修行佛教傳統的人們有機會為它進一

步的發展提供建議。」

尊者顯然很感興趣。「這將對睡眠和夢中的修行大有幫助。有時候如果你在夜間有一個很激烈的夢，在你醒來時它影響你早晨的情緒狀態。有了這個，我們可以在睡夢中培養有益健康的心智，這對我們大家是有益的。」

清明性和見證

在演示了一番 LaBerge 的裝置以後，對話又回到了傑妮那裡。她說，「現在我要進入一個較為爭議的領域，但是我認為它對我們在此的對話很有意義：見證夢。跟清明夢不同，*見證夢*是一種安靜、和平的、內在知曉的，或者清醒的經歷，感覺自己跟夢完全分離的經歷。在見證夢中，據說人可以操縱夢境，但是自己並不想這樣做。不管夢的內容是什麼，做夢者感覺到一種內在的安寧，知覺從夢中轉移。有時候夢者深陷於夢中，但是仍然保持內心平和的感受。」

「最後，我想介紹第三種狀態，叫做見證性深睡眠。這被描述為一種無夢的睡眠，很像非 REM 睡眠，從中你體驗到一種安靜的、和平的內在知覺狀態或清醒狀態，一種無窮無盡開闊或極度幸福的感覺，沒有一點點雜念。然後，睡眠者意識到自己作為一個個人的存在，這一意識導向覺悟。」

「讓我先用一位數學教授作為例子來說明這些狀態，這個教授

修行超越觀想（transcendental meditation）已有二十年。」翻譯要求她做點解釋，傑妮簡單地講解了這種修行方法。「超越觀想和一般的佛教觀想很不同：它要求你沉浸其中，閉上眼睛，重複念誦咒語。這種觀想法來自於一種印度教傳承，最近才傳到西方。」這時尊者轉向他周圍的格西僧人們，低聲詢問，然後再面向傑妮。傑妮說，「在多年持續的修行中，這位教授發生了這樣的事。一開始，他談到他有點清明夢，夢中的角色占了主導地位。觀察者的作用是認識到自我正在做夢，但是除了這種認知以外，感覺仍然存在，知道夢『在那裡』，自我『在這裡』。在做夢的過程中，夢仍然覺得是真的。」

「當你變得更熟悉清明夢以後，你就覺得你可以操作、改變或控制夢。在第二個階段，這位做夢者覺得，『在那兒』的夢其實某種意義上就『在這兒』。做夢者可以主動地參與到夢境中，控制和操縱夢。」

「在第三個階段，他的夢變得很短。他描述說，這些夢變得就像浮現出來的思想，他可以記下來然後放開它。做夢並不抓住他，或者使他像第一階段那樣認識到這是自己的夢，在第一階段的夢中自己更積極地參與。」

「在第四個階段，他發現一種內在的清醒狀態占據主導。他不再是沉浸在夢中，而是在見證夢。夢變得更抽象，沒有感官方面的內容：沒有心理性的圖像，沒有情緒性的感覺，沒有身體或空間感。出現一種無拘無束的感覺。我引述他的話：『你感覺到自己是一個

巨大的關係複合體的一部分。這些關係不是社會性的，不是概念性或知識性的關係，而是一個關係的網絡。我知道這些實體之間的關係而實體本身並不在那兒。有一種運動感，但是沒有什麼相對的東西來測定運動，只是一種擴展。沒有對象能測定它。這種擴展像光一樣，就像知覺的光，能看到但不是視覺的，就像海洋中的光一樣，一種和光融為一體的體驗。』」

「其他一些實驗者報告說，他們需要從清明性開始，經歷非清明性夢和非知覺夢，才能進入見證性的夢。這種不同的序列可能是由於夢者過於依賴清明性，特別是自主知覺睡眠中的主動控制。這種依賴要求夢者在睡眠中放棄自我存在，以便轉向下一個狀態，即見證夢的狀態。我對六十六名資深超越觀想修行者做過一個研究。我們用這些人做研究是因為這些狀態非常微妙。你沒法要求一個大學生來做這個實驗；他們無法理解你說的是什麼。我們覺得這些修行者能懂得並記住這些狀態。我們從六十六位修練了平均約二十年的實驗者那裡得到了五十五份清明夢的描述，四十一份見證夢的描述和四十七份見證性睡眠的描述。我讀了所有這些報告，讓他們自己的經驗來引導我們的分析，我們的分析是現象學的、定性的分析。」

為了確信我們明白她的講解，我請她進一步說明：「我們通過在實驗中發出一個信號而驗證清明夢是處於 REM 睡眠狀態。可是我們怎麼知道這些人是在見證狀態呢？」

　　「只能通過他們自己的報告。這是一個真正意義上的現象學分析。」傑妮回答說。「我用 Fred Travis 的圖（圖4.2）來總結一下這個嘗試性的觀察。他提出，清醒狀態、睡眠狀態和 REM 夢狀態，是從一種純粹的意識中浮現的，一種無聲的空境。當一種狀態和下一種狀態銜接的時候，兩者間有一個小小的間隙，在這個間隙中，Travis 假設每個人都短暫體驗到了超越性的意識。當我們從睡眠變成做夢，或者從做夢轉向清醒，這些小小的間隙或連接點就發生了，所以他將其稱之為心智模式的節點。」

　　尊者說，「這很像佛教解釋睡眠中明光的間隙。這就是非常細

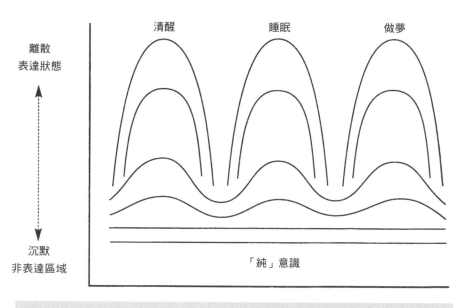

圖 4.2 F. Travis 的「連接點」模型，用於三種基本意識形式之間的狀態轉換。（經 Travis 許可改編，「交匯點模型」，《夢想 4》（1994 年）：72-81）

微的心識的延續。最重大的場合是死亡的時候，即 *bardo*（*中陰*），
還有受孕的時候。如果你願意，你可以說這些是連接點。最微妙的
明光在死亡的時候出現，這是這類連接點的一種。這三種連接點，
死亡、中陰和受孕，相當於入睡、做夢和醒來這三種狀態。死亡的
明光就像睡眠明光。睡眠明光並不完全相同於死亡明光，但類似於
死亡明光，只是不那麼細微。」

　　傑妮的講解結束了，到了午餐時間。我們無疑需要對夢瑜伽作
出更深的瞭解。原來是安排在晚間來深入講解夢瑜伽的，現在看來
時機恰到好處，尊者同意下午一開始就來講解夢瑜伽。這對我們來
說是非常難得的學習機會。

第五章
意識的層次和夢瑜伽

下午兩點，全體就座，尊者開門見山：「你們大部分人已經聽說過有關夢瑜伽的講述，不過你們中可能有少數人以前從沒聽說過。」

自我的概念

「我一開始想討論一下自我的概念。你們很多人都早就知道，整個佛教哲理的根本基礎是四聖諦。認識四聖諦的目的是什麼？討論它們的目的是什麼？這涉及我們對快樂的基本渴求和痛苦，以及它們的因果關係。痛苦是怎麼產生的？快樂是怎麼產生的？四聖諦的核心就是有關快樂和痛苦的因果問題。」

「這個解釋集中於自然因果，而不是指向控制人生事件的某種外在創世者或初始物質。四聖諦經常用四句話來表達：認識到痛苦，即苦諦；捨棄痛苦的根源，即集諦；消除痛苦，即滅諦；達到無痛苦的境界，即道諦。所有這些都要由尋求快樂和消滅痛苦的個人自己來完成。」

「在這樣的框架裡，自我的概念是關鍵性的。經歷著痛苦的是個人，而應用各種方法來消除痛苦的也在於個人。因緣在他自己之中。當佛教在古印度出現的時候，佛教觀點與其他信仰之間的根本區別涉及自我。具體來說，佛教徒不認為存在著一個永恆的、不變的自我。為什麼？因為一個不變自我的概念，當用到一個作為承擔者的自我，或者作為經驗者的自我時，是非常成問題的。從一開始，就有大量涉及自我本質的思想和討論。」

「依照佛教之外的思想，有一個自我存在著，這個自我可以和人的身體與心識，即心理—生理構件的集合分開。總的來說，佛教的所有四大哲學流派都一致否認存在著本質上可以和身心分離的自我。但是，這些學派對於自我怎樣存在於身心之內，卻有不同的觀點。例如，佛教有一個學派認為，自我是五大心理和生理的集合（即五蘊，梵語 *skandhas*）。另一派認為自我就是心識。由此出發，又有不同的看法。例如，我在昨天提到過，有一派認為精神性的意識就是自我。然後，如果你去看瑜伽行唯識學派，你會看到他們認為基礎意識（梵語：ālayavijñāna 即*阿賴耶識*）就是自我。」

「現在我們來談談中觀應成派。根據這個學派，五蘊都被自我所經歷。既然五蘊都被自我所經歷，那麼在這五蘊中能找到自我的說法就很成問題了。如果被經驗的和經驗者變成完全相同的東西，那是很成問題的說法。以此緣故，自我不能是在這五蘊之中。但是，如果你想把自我放到五蘊之外，你卻找不到這樣一個地方。所以，這種說法也得放棄。他們由此得出結論，自我是在五蘊的基礎上歸

結出來的。出於這個理由，他們說，自我只是一個名稱，只是一個指稱。」

「中觀應成派的創始人龍樹菩薩在《寶鬘論》[1]中說，人不是構成人的六大元素，不是土元素、水元素等等。這些元素的集合也不是人。人也不在這些元素之外獨立存在。人不是任何一種單獨的元素，也不是這些元素的集合，類似地，對每一種構成人的元素也可以進行同樣的分析。它們也可以歸結為僅僅是一種符號，或是一種指稱。既然人不能以一種具有自身本質或自身身分的實體所存在，那麼唯一的辦法是承認，人只是名義上存在，只是被指稱存在。」

自我與行動

「佛教如此強調對自我本質進行這樣細緻的分析，原因是什麼？首先，這一分析是將自我作為一個分析對象，也作為一個經驗者。這是非常重要的。現在讓我們來看我們的經驗的流動：悲傷的感覺，其他種種感覺，都是從我們對某種經歷作出反應而產生的。然後在我們的意識中產生了某些願望。從這樣的願望中可能會產生行動的動機，跟這種採取行動的動機一起，產生了自我的感覺，產生了『我』的感覺。跟這種『我』的感覺一起，產生了更強烈的想

1 　譯注：*Ratnāvalī* (Precious Garland)。

要抓住『我』的感覺,於是導致某種類型的精神痛苦,例如執念和憤怒。如果『我』的感覺非常強烈,那麼產生的執念和憤怒也就會非常強烈。」

「現在,你可以問:從抓住『我』而產生的心理狀態是一種本質上使人苦惱的心理,比如執念和憤怒,還有可能是一種健全的心理?這需要作出考察。在這樣做的整個過程中,自我問題變成一個核心問題。小心地考察自我在這些心理過程中的本質,變得至關緊要。請記住,從佛教的觀點來看,這些心理過程是用因果來解釋的,自我不是被置於因果鏈之外的一個對象或經驗者。這一點非常重要,因為我們的首要目的是尋找快樂,避免痛苦;而有這樣目的之對象是自我。同樣,當我們談論經驗的時候,我們的大多數行動是出於我們的動機,而所有這些動機歸根結底是建立在自我感之上的。」

「有效的行動跟動機密切相關。有時候行動會自動產生,事先沒有動機,不過這類行動大多在倫理上是中性的,不產生快樂,也不產生痛苦。沒有絕對的界線來區別正面的或負面的行動。但是本質上我們想要快樂,所以我們認為快樂是正面的,帶來快樂的行動被視為正面的,而最終造成痛苦的行動被視為是負面的。」

「現在我們就可以問:具有自我感是不是一件壞事?回答是,首先,這個問題跟你是不是想要有自我感是不相干的,自我感是自具的。這種自我感可能導致痛苦,也可能導致快樂。還有不同的自

我感。例如，有一種自我感是人們抓住自我，把自我當作真實的、前後不變的存在。另一種自我感則不把自我當作始終如一的存在而抓住不放。」

「我相信強烈的『我』感製造了很多問題。可是，同樣的心理感覺有時候又是非常有用、非常必要的。例如，當我們要在執念於朋友和仇恨敵人之間劃出界線來的時候，強烈的『我』感或『我的』感覺，就給我們製造了問題。另一方面，強烈的『我』感也會產生動力來克服障礙而創造變化，達到成功。這是非常重要的。產生動力，完成困難的任務，這不是容易做到的事，我們需要決心和努力，而不懈的努力來自於強烈的願望。所以，為了產生自信和強烈願望，這種強烈的『我』感是必要的。」

「在非常強烈的自我感覺中，哪些因素給我們製造麻煩？到底什麼讓我們苦惱不堪？這需要做出精細的考查。通過分析我們得出三個不同的理解自我的類型：（1）將自我理解為真實存在的；（2）將自我理解為不是真實存在的；（3）自我是不是真實存在沒有什麼區別。『理解自我為真實存在的』，這句話到底是什麼意思，認識到這一點非常重要。這裡，『真實存在』的意思就是按其本質它是存在著的。」

行動的動機是心理性的

「動機是經驗快樂、避免痛苦這個基本渴望中的一個關鍵因素。什麼決定了動機？身體可能是一個因素，但是對形成動機的主要影響來自於心識。」

「再說一遍，動機是決定我們經驗的本質之關鍵，正是我們的態度和我們的理解方式對我們的動機產生了主要的影響。我們極力想消除負面的、或者說令人煩惱的力量，按其本質也是精神性的。同樣，我們用來消除或者至少削弱這些苦惱力量的工具，也是精神性的。我們是用某些精神因素來消除其他一些精神因素。所以，對心識和精神因素的本質展開討論，就變得非常重要了。」

「當你們談論徹底消除這些弊病的時候，你們在談論一些非常精深的東西：這就是解放或覺悟，這可能還有很長的路要走。但是從我們自身的經驗來看，我們是有可能運用心識來減少心識中令人苦惱的因素。這是我們從經驗中就可以確信的東西。舉例來說，我們都是從蒙昧這種精神狀態開始的。為了減少愚昧，我們投入學習，取得新的經驗，在這樣漸進的過程中，愚昧就減少了。」

「為了轉變心識，重要的是對心識有清晰的理解。例如佛教毘婆沙宗[2]學派認為觀念是赤裸的，意思是在觀念和它所感知的對

2　譯注：梵語：Vaibhasika。

象之間，沒有用以調解的東西。觀念是沒有中間物的。佛教顯教或經教之乘和大乘佛教的兩個學派則說，有一種形象（梵文 *skara*，藏文 *rnam pa*）在觀念和它的感知對象之間起了中間作用。這有點像是說，感覺數據在觀念和感知對象中間起了調和作用。」

這時查爾斯‧泰勒插進來要求尊者進一步解釋講到強烈的『我』感造成苦惱時的一個倫理問題。「是不是有某種方式使得自我感覺是事實上有益健康的？怎樣區分有益健康的自我感和不益健康的自我感？」

尊者答覆道，「想要克服痛苦的人，區分這兩者非常重要，這是決定我們經驗的一個重要因素。為了強調我們前面的觀點，必須說明在有益健康的自我感覺和不益健康的自我感覺之間沒有絕對的區分標準。在日常經驗中你會注意到，當某種自我感覺產生的時候，有其他的心理因素和動機一起出現，這些東西最終導致痛苦。根據這一結果的本質，你可以事後得出結論，這種自我感覺是不益健康的。所以，這不是自我感覺中的絕對質量問題，而是一種關係性的品質，是根據它得出結果的關係來判斷的。」

「讓我們暫時把區分有益健康或不益健康的自我感覺問題放在一邊，談談另一個相關因素，即自我感覺是不是符合實在的問題。一般而言，有益健康的心識必須是符合實在的。更進一步說，如果要讓健康的心識盡可能地充分發揮作用，它必定是符合實在的。所以，讓我們先來分析一下前述的三類自我感，看哪一類是符合實在

的，哪一類是不符合實在的。」

「我們先看第一類，將自我理解為固有存在的自我感。怎麼來判斷這個心識是否符合實在？你可以考察有這種理解的自我是否存在。簡單地說，如果這樣的『我』確實存在，這個『我』就是理解為真實存在的『我』感中所說的『我』，那麼這種『我』感就是符合實在的。如果不是指那種『我』感中的『我』，那種『我』根本就不存在，那麼那種『我』感就是不能成立的。在佛教中，就是從這裡產生了關於空性的討論。」

查爾斯想要得到更明確的答案，插話提問：「所以說在佛教中『我』感本身並不存在？」

尊者解釋道：「並不是所有佛教徒都這樣認為，也不是所有佛教學派都持這種觀點。*無我*或*無自性有*[3] 的概念在佛教中得到普遍的認可，但是它的涵義，不同的學派有不同的理解。」

查爾斯又問道：「我認為『真實存在』和『歸結為存在』這兩種說法是不相容的。是不是這樣？我們剛才聽到過，在所有佛教學派中都普遍認為，自我存在的想法只是根據歸結而得出的。」

尊者解釋說，「佛教有四大主要哲學流派，其中我們認為中觀應成派是最為深刻的。有一派認為自我實質上就是意識，而中觀應

3　譯注：無自性有，佛教的重要觀念，沒有任何一物以自己之力，即「自性」，而存在。「有」在此解釋為「存在」。

成派把自我看成是歸結於心識與身體的集合體。中觀自續派和其他較低的佛教學派認為現象只是被歸結為存在而不是本質上存在的說法是虛無主義的表述。」

「虛無主義是一種輕蔑的說法？」

「是的。而從中觀應成派的觀點來看，其他這些學派都錯誤地持有某種本質論或實在論的觀點。」

「那麼您認為自我並不是真實存在的？」

「如果事實上自我不是真實存在的，那麼認為自我不是真實存在的想法當然就是符合實在的。」

查爾斯問，「那麼，第三種可能性，將兩者不加區分的觀點，是不是錯的？」

「如果一個人只思考因果關係，根本沒有強烈的『我』感，只是想『也許我要到那裡去』，或者『我要喝點茶』，或者『我現在感覺是這樣』，在這樣的情況下，自我感基本上並不去區分自我是真實存在的還是並不真實存在。但是，只要自我感更強烈地產生，例如，當你想，『啊，我要輸了！』或者想『我一定要採取行動』，這個時候，在多數情況下，強烈的自我感就和把自我當作真實存在的感覺一起產生了。」

尊者繼續說，「如果一個人對自我是否真實存在的問題做過探

究，通過這種探究獲得了自我並不真實存在的實際體驗，那麼當這個人產生強烈自我感的時候，他就不會同時產生自我是真實存在的感覺。相反，自我會被理解成具有既非真實存在，亦非真實不存在的性質。對於這樣的人來說，雖然自我顯示出似乎真實存在，但他知道並非如此。在這種情況下，自我被理解為好像是一個幻覺。它以某種形式顯現，但是他知道它並不像它顯現的那樣存在。所以它就像一個幻覺一樣。」

　　儘管內容深奧，這番對話給了我們一種生動的印象，心識和倫理行為的理論在佛教傳統中是不可分離的。接下來，尊者開始講解意識的問題。

意識的層次

　　「講到身體和心識，五大心理─生理集合體中包括意識的集合體。當你用這種方式討論的時候，看起來意識或心識是一種自身存在的東西。這是一種錯誤的表述，因為意識有很多不同的細微層面。例如，心識的粗糙層面是依賴於粗糙的物理層面而存在的。只要大腦在發揮功能，大腦裡就有粗糙的意識；人一旦變成腦死，大腦中就不再有粗糙層面的意識。在缺乏正常功能的大腦中，不會產生粗分之識。至此，這種佛教觀點和神經科學是相一致的。

　　「當佛教聲稱在心中有一個活力中心，其中有非常細微的能

量—心識，這時佛教和神經科學分道揚鑣了。有些藏文文獻說，心的活力能量中心就位於心臟器官之中，我得說這並非如此，但是我自己並沒把握它到底在什麼位置上！」說到這裡，尊者開心地笑了起來。「不過，當禪修者非常專注於心的層面時，能夠感受到強烈的體驗，所以這兩者之間必有一定聯繫。同時，沒有人能真的說清這個心的活力能量中心到底位於何處。此外，在佛教關於觀想、哲學等等的典籍中，敘述也有不同；西藏醫學文獻有其獨特的涉及脈絡、中心等等的理論。另外，在不同的密宗系統中，你也會發現一些分歧和變化。」

因果聯繫的種類

「意識依賴於大腦功能，這一點是相當清楚的，所以在大腦功能和粗意識的產生之間有一種因果關係。但是有一個問題我仍然在思考：這兩者是什麼類型的因果聯繫？在佛教中我們談論兩種因果類型。一種是實質性的因，原因中的因素事實上轉變成了結果中的因素。第二種因果是協作性的條件，一個事件的發生是作為前一個事件的結果而出現，但是並不是前者轉變成了後者。」

「我們可以在 A 和 B 之間定義因果關係的三種標準。第一個標準，因為有了 A 所以 B 發生了。這個關係否認不存在的東西能夠引起任何結果的想法。所以，如果 B 是由 A 引起的，那麼 A 必須存在。第二個標準否認恆常不變原因的想法。它是這樣說的：如

果 A 會引起 B，那麼 A 本身也必須是會變的，它一定是非恆常的。
簡而言之，第二個標準是說，原因必須具有非恆常的本質，它不能
是不變而恆常的。再者，原因必須是另一種東西的結果。在此之前
無原因的第一原因是不存在的。第三個標準說，如果在 A 和 B 之
間有因果關係，那麼在原因和結果之間必定有某種協同。」

　　「讓我們將此運用於意識的產生原因及其和大腦功能的關係。
這裡存在著什麼類型的因果性？根據經驗，我們在此有兩類似乎不
同性質的現象：物理的現象和精神的現象。物理現象看來是位於某
個空間中，它們可以被定量測定，還有其他一些性質。精神現象則
相反，我們找不到它的空間位置，也無法對它們進行定量測定，它
們是完全經驗的性質。看起來我們是在處理兩種完全不同類型的現
象。在這種情況下，如果一個物理現象是一個精神現象的近取因，[4]
兩者之間似乎缺乏某種程度的協同。如果它們的性質看來如此不
同，其中之一怎麼轉變為另一個？這個問題需要有個答案，我們稍
後還要回到這個問題上來。」

基礎意識

　　「讓我們回到基礎意識（foundation consciousness）的問題。基礎
（藏文 *kung zhi*）是佛教密宗文獻中頻繁出現的一個術語。這個詞有

4　譯注：佛教術語，直譯為實質性原因。

時候指空性，這是一種心識對象；有時候指一種主觀認識，即*明光*。在後面這種情況下，明光就叫做基礎，或者叫一切之基礎，因為它是生命輪迴或解脫，即輪迴（*samsara*）和涅槃（*nirvana*）的基礎。但是，跟瑜伽行唯識學派所說的基礎意識不同，照密宗的說法，它不必是倫理中性的；這就是說，明光並不一定是一種既不是有益的也不是有害的。為什麼是這樣？因為通過修行，這種明光會轉變成覺悟的心識。」

「我們還發現一切之基礎這一術語在 *Dzogchen* 或大圓滿文獻中的不同用法，在那裡有兩種方式來使用這個術語。首先它用來指潛伏的習性的基礎，其次用來指原始的實在。可是，我不是完全有把握這第二種用法指的到底是什麼。在第一種用法中，它是指一種特定的心識狀態。根據藏傳佛教寧瑪派的觀點，心識分成兩個類型：一是基礎意識，它是潛伏的習性之基礎；二是清新的知覺（藏文 *rigpa*）。根據經驗，基礎意識是在清新知覺之前。這兩種知覺的共同之處是都會出現表象，但是，跟一般的心識狀態不同，它們並不附著於表象，不跟表象結合。不過，基礎意識和清新知覺不同，前者中含有一定程度的幻象。」

「清新知覺和基礎意識有一個共同性質是它們都不跟著對象走。但是認識它們之間的區別很重要。否則的話，你很容易曲解了大圓滿修行的本質，以為你要做的就是坐著不動，不對心識中出現的任何東西作出反應。認為大圓滿，或者清新知覺的經驗，就是懸停在當下，不隨著對象走，這是錯誤的認知。為了肅清這個誤解，

我們做出這樣的區別：在基礎意識中，仍然有被動知覺中的不清晰或幻象的成分。而當清新知覺產生的時候，那是極為生動、明亮和解脫的。所以說，這兩種知覺狀態的性質有相當明確的區別，只是除非你有了清新自覺的實質體驗，否則你會混淆兩者。」

「受過這種修練的人按照順序體驗這些心理狀態。當你一動不動地坐著，擺脫了對任何對象的聯繫，基礎意識首先浮現。在此之後出現了清新知覺，這兩者的性質是很不同的。當你在體驗清新知覺方面比較精深以後，你就沒有必要在光明的清新知覺之前經歷虛幻的基礎意識了。更常見的是，你可能直接進入清新知覺。這是非常重要的。」

「有三種類型的清新知覺。初級清新知覺（藏文 *gzhi'i rig pa*）是所有輪迴和涅磐的基礎，它就是細微的明光。這是人在瀕臨死亡的時候體驗到的清新知覺，但不是在平時清醒的時候所體驗到。基礎意識就是從這種知覺中產生的。然後，通過觀想修行，在體驗了基礎意識之後，你能體驗到第二種清新知覺，即光輝知覺（effulgent awareness，藏文 *rtsalgyi rig pa*）。第三種清新知覺叫做自然清新知覺（藏文 *rang bzhingyi rig pa*）。這種自然清新知覺是從什麼地方來的呢？作為觀想修行的結果，你有可能獲得細微明光的直接體驗，這樣體驗到的細微明光就是自然明光，它和基礎明光有所區別。基礎明光只有在死亡的時候才能體驗到。」

層次的連續性

　　「最後，我們回到前面擱置的問題上，即意識本身的起源問題。在人類胚胎受孕之後知覺的第一個瞬間的根本原因是什麼？佛教對此有兩種觀點，顯宗的觀點和密宗的觀點。顯宗的觀點認為，一定存在著意識的連續體，從意識中產生意識。如果原因將轉變為結果，那麼原因和結果之間一定有某種協同，為此就需要有一個先行的意識連續體，它產生了受孕後的第一個瞬間的意識。這是顯宗經典中的一個一般性哲學論述。除了作為後期意識之近取因的先行心識流外，潛伏習性也可轉變為意識，所以意識的起源有兩種近取因。」

　　「在密宗經典中，你會發現對非常細微心識，也叫做原始意識或原始明光更精密的討論。這被認為是所有形式的意識的近取因。非常細微的能量—心識連續體是所有輪迴和涅磐的基礎，這是瑜伽行唯識學派認為基礎意識具有的性質。它們有共同的地方，但是瑜伽行唯識學派給予基礎意識的很多性質，是密宗認為非常細微心識所沒有的。這種非常細微心識連續體不是如瑜伽行唯識學派所說的基礎意識。可是，因為非常細微心識連續體在密宗中被認為是所有輪迴和涅磐的基礎，我們可以稱其為一切之基礎。」

　　「為什麼瑜伽行唯識學派主張存在著基礎意識？答案是因為他們在尋找一種叫自我的東西。出於邏輯論證的原因，他們不得不這樣主張。但在密宗中並不主張非常細微心識是如此構成的。密宗並

不主張非常細微心識的存在是因為要找到一種叫自我的東西。」

為了要將這一講解和意識連續體的思想連接起來，我問尊者，意識連續體是否和基礎意識是同一個東西。尊者說大圓滿經典中說的細微明光，也稱為自然清新知覺，或法身（*Dharmakaya*），事實上就是意識連續體。

精神因素與睡眠

尊者繼續說：「在佛教中我們可以發現對心識本質的非常精密和繁複的討論。例如對可知對象和不可知對象的心識作出了區別。例如對能夠驗證和不能驗證的認知加以區別；也就是區別那些適當地理解對象的認知和那些不理解對象的認知。再進一步對心識和精神性功能，對概念性知覺和非概念性知覺加以區別，等等。」

「佛教對心識做出了各種各樣的分類，但是構建這些複雜理論的原因不只是為了更精密地理解心識的本質。相反，它來自於一個基本問題：怎樣驅除心識中令人苦惱的因素，培養那些能產生快樂的因素。這些有關心識的理論就是為了完成這個任務。在《大乘阿毘達摩集論》[5]中，無著菩薩對心識和精神因素做出了區分，他分出了五十一種精神因素。在這五十一個因素中，有四個可變精神

5　譯注：*A Compendium of Knowledge* (Skt. *Abhidharmasamuccaya*)，Arya Asanga 著。

因素，其中之一是睡眠。[6]四個可變精神因素的共同特徵是它們可以是有益健康的，也可以是無益健康的，取決於其他因素，比如動機。」

「除了在清醒狀態下修練外，如果你還在睡眠時為有益健康的目的而使用意識，那麼你的精神修練的力量將會更強。不然的話，夜裡至少有幾個小時只是浪費時間。所以，如果你能把你的睡眠轉變成一種效益，那是十分有益的。顯宗的方法是你在入睡的時候引發出一種有益健康的精神狀態，比如升起慈悲心，或者認識到無常或空性。」

「如果你能夠在睡前培養這樣有益健康的精神狀態，使其繼續保持到睡著而不被打斷，那麼睡眠本身就變成有益健康的。顯宗教導修行者將睡眠轉變成有益健康，但似乎並沒有包括使夢變成有益健康的專門技術。」

「還有一些敘述是利用夢中的一些信號來判斷修行者達到的修行水準。這個和昨天彼得提出的識別預知性夢的問題有關。如果這樣的事情只發生了一次，那並不能認為是意義重大的，但如果這樣的夢一再出現，那就值得關注了。我們還需要檢查是否有其他的影響因素必須得加以考查。」

6　譯注：其餘四十七個精神因素包括五個無所不在的精神因素，五個可確知對象的精神因素，十一個健康的精神因素，六個主要的精神痛苦，以及二十個次要的精神痛苦。

明光，細微自我

「現在我們轉向密宗和它的四大教法。在較低級的三個密宗教法中，有很多討論涉及好夢和壞夢，夢中好的跡象和壞的跡象，沒有討論怎樣實際利用夢來修行。但是，這三個較低級密宗教法中包含有通過對自己選擇的本尊（梵文 *istadevata*，藏文 *yidam*）觀想的方法而使得夢境更為清明的方法。」

「無上瑜伽，這是密宗四大教法中最高深的，講到了實在的基本本質問題。除了講述成道的本質和怎樣成道，或達到菩薩道的方式，這個水平的密宗還從三個漸進的細微狀態或水平討論了心識與身體：粗糙的、細微的，以及非常細微的狀態。在這樣的討論中，你可以談論粗糙的或細微水平的『我』或自我。那麼是不是說同時有兩個不同的自我，即粗糙的自我和細微的自我？」

「回答是否定的。只要粗糙的身體和心識還在工作，粗糙的自我就歸結於粗糙的身體和心識，以及它們的行為。這個時候你無法確定細微的自我。但是，當粗分之身和心識潰散的時候，在死亡明光時刻，粗糙心識已經完全消亡，這個連續體剩下的唯一的東西就是非常細微的能量—心識。在死亡明光時刻，只有非常細微的能量—心識，據此你可以定義非常細微的人，或『我』。在這個時候，完全沒有任何粗糙的『我』了，所以，粗糙自我和非常細微的自我，這兩者是不會同時顯現的。所以，你應該避免兩個自我同時存在的錯誤。」

「佛朗西斯科，現在回到你此前提過的問題，細微自我在特殊夢境中出現的問題。這不僅僅是想像；細微自我實際上從粗分之身脫離。細微自我並不在所有的夢中顯現，而是只在一種專門的夢中顯現，在這種夢裡，人有一個可以和粗分之身分離的特殊的夢中身體。這種時候細微身體和細微自我才顯現。另一種時候是在中陰階段，即兩世生命之間的過渡階段。為了驅除心識中的苦惱，養育有益健康的品質，最好是運用你的粗糙心識和細微心識，而後者可以通過修行夢瑜伽來培養。如果你能運用細微和非常細微的能量—心識的所有層面，那這樣做是值得的。」

化身的輪迴

「龍樹菩薩提出了修持睡眠瑜伽和夢瑜伽的另一個好處：恰當地使用我們作為人而在這個地球上擁有的身心，這是我們六大感官的複合體。通過這六大感官，我們體驗三個狀態：死亡、中陰和再生。而這三種顯示了我們作為人類而存在的狀態，似乎跟佛陀的化身有某種相似性。」

「一個化身叫做法身（*Dharmakaya*），它可以描述為所有的現象事物都終止的狀態。在法身和死亡之間有某種相似性，所有粗糙水平的能量—心識都化解為基礎明光。此外，在死亡的時刻，一切的現象都消解為根本實在的自然範疇（梵文 *dharmadhātu*，藏文 *chos kyi dbyings*）。這顯然不是一個人，而是一種狀態。」

　　「我們體驗到的第二種狀態是中陰狀態，這是兩世生命的中有[7]狀態。這是死亡和受孕到達另一個物理身體的連接。在死亡時刻，在死亡明光中產生了一種包含細微能量—心識的形式，它跟粗糙水平的心識和身體沒有關係。這有點類似報身（Sambhogakaya），佛以一種原始的形式從法身中產生。報身和夢觀身體都被視為細微的形式，是人在中有狀態時所取的形式。」

　　「受孕發生在粗分之身與能量形成的最初階段。同樣，在報身的純粹形式內，佛以多重粗糙形式顯現，叫做應身[8]（Nirmānakāya），以滿足各類有情眾生的需要。這有點類似於受孕。這裡很重要的一點是區分受孕和產生於子宮。這兒的意思無疑是受孕，而不是產生於子宮中。」

　　「這是三種狀態和佛的化身之間的相似性。我們還擁有一定的條件使得我們在作為人而存在的時候經歷這三個階段，龍樹菩薩建議我們運用密宗的觀想技術來使用這些條件。除了大乘佛教的修行空性和慈悲心以外，人們還可以運用死亡明光來領略空性，由此將死亡轉變成通向悟道之路。正如死亡明光可以用來通向取得法身的道路，受孕可以用來獲得應身。」

7　譯注：中有是佛教術語，即中間狀態。

8　譯注：法身（Dharmakaya）、報身（Sambhogakaya）、應身（Nirmanakaya）
　　是大乘佛教理論中佛具有的三種身（kaya）。

夢瑜伽

「為了通過修行而達到使得我們能夠轉變死亡、中陰和再生，我們必須在三種場合修行：在清醒狀態下，在睡眠狀態下，在死亡過程中。這需要使得自我和精神訓練結為一體。現在我們有各自為三個內容的組合：

1. 死亡、中陰狀態、再生
2. *法身、報身、應身*
3. 睡眠、夢、清醒

為了獲得法身、報身、應身的終極狀態，我們必須瞭解死亡、中陰和再生這三個階段。為了瞭解這三個階段，我們必須瞭解無夢睡眠、夢和清醒這三個狀態。」

「為了得到睡眠和清醒狀態的體驗，我想關鍵的一點是通過想像而熟悉死亡的八重過程，從清醒意識狀態開始，在死亡明光達到頂點。這需要有一種消解過程，一種撤離。在實際死亡過程的每個階段都有內部的跡象，你要讓自己熟悉這些跡象，你在白天觀想中想像這些過程。然後在你的想像中，停留在意識的明光層面上，你觀想自己的細微之身脫離粗分之身，你想像去了一些不同的地方，最後你回來了，細微之身重新融入你的平常形體。一旦你在白天修練的時候能夠看到這些，那麼當你入睡的時候，類似的八重過程就

會自然地迅速展開。這是使得你在無夢睡眠狀態中識別無夢睡眠狀態的最好方法。但是如果沒有白天的深度觀想修行，你很難在入睡的時候達到這種狀態。」

「在最高的瑜伽密修中，任何觀想修行（*sādhana*）都有兩個階段：產生的階段和完成的階段。產生的階段是兩個階段中更為基本的階段，整個八重過程只能用想像的力量來體驗；你只是觀想。而在修行的第二個階段，即完成的階段，通過般納瑜伽（*Prāṇa Yoga*），包括*寶瓶氣觀想*，你把活力能量帶進了中脈，你就不只是通過想像實現，而是在現實層面實現了。你實現了這樣的消解，在修行的某一個層面上，明光就會顯現。」

「如果你在經驗和修行中達到了這一點，那麼你就在睡眠明光自然發生時非常容易識別出來。如果你達到了能夠在無夢睡眠中識別出無夢睡眠，那麼你就很容易在做夢的時候識別出夢。」

「這個討論涉及到通過活力能量來達到識別睡眠是睡眠，夢是夢。這是達到這種效果的一種途徑。現在，回到白天的修行，如果你還沒有通過活力能量修行而達到這個水平的洞察或體驗，那麼在白天你要用意願的力量而不是活力能量來達到。意願指的是你必須非常勤奮地努力，非常有決心和毅力。在這樣的修練中，識別無夢睡眠比識別夢中之夢更難。」

「識別夢是夢的能力涉及不同的因素。有一個因素是膳食。具體而言，你的膳食應該符合你自己的新陳代謝。例如在西藏醫學

中，我們談論三個元素：氣、膽汁和黏液汁。對於有些人，這些元素中的一個或兩個占了主導。你應該通過調整膳食來保持體內這些元素的平衡。此外，如果你的睡眠太深，你的夢就不會很清晰。為了有較清楚的夢和較輕的睡眠，你應該吃得少一點。此外，當你入睡的時候，你將你自己的知覺引導到前額。另一方面，如果你的睡眠太輕，這也會成為這項修練成功的一個障礙。為了讓睡眠更深，你應該吃質量更高、較多脂肪的食物；當你入睡的時候，把你的注意力引導到位於肚臍或生殖器位置的活力能量中心。[9] 如果入睡後你的夢不清晰，你應該把注意力引導到咽喉中心。[10] 在這樣的修練中，就像運用 LaBerge 送來的裝置，當你開始有夢的時候，有人在你耳邊輕聲說，『你現在做夢了。你要在夢中識別這是夢』，這是有幫助的。」

「一旦你能夠識別睡眠明光為睡眠明光，這樣的識別能使你在一個較長時間內保持那種狀態。密宗修行中的夢瑜伽主要目的是先識別夢狀態為夢狀態。然後，在修行的下一個階段，將注意力集中在你夢中身體的心臟中心，[11] 努力把活力能量吸入這個中心。這樣引向一種睡眠明光的體驗，它在夢狀態終止的時候產生。」

「你在睡眠中體驗的明光不是非常細微的。隨著夢瑜伽修行的進展，當你把注意力集中在夢中身體的心臟中心時，會出現初次明

9　譯注：七個脈輪中的臍輪和腹輪。
10　譯注：喉輪。
11　譯注：心輪。

光體驗。雖然睡眠中明光一開始不是非常細微的，通過修行你能使它變得更細微、更持久。此外，這種夢中身體的第二個益處是你能成為一個完美的間諜。」

　　說到這裡，尊者像他通常那樣笑了起來。他意識到這次講課已經花了很長時間，現在已經很晚了，他起身向大家鞠躬致禮，離開了會場。我們慢慢地收拾自己的筆記，沉浸在這浩瀚而高深難解的知識海洋之中。

第六章
死亡與基督教

　　我們的對話到了離開關於睡夢的輕鬆話題而面對死亡的冷酷現
實的時候了。這天的話題是怎樣把死亡定義為一個身體的過程。對
這樣一個題目，一開始建立一個談話背景是非常重要的。我再次請
查爾斯‧泰勒對有關西方文明對待死亡的態度做個概述。他以一貫
的嚴謹給出了如下評論。

基督教與上帝之愛

　　達賴喇嘛入座後，查爾斯在他身邊坐下，開始講解。「我要談
談西方對死亡的態度，但我需要從更遠的地方開始談。如果不理解
基督教的態度，就無法理解西方的態度，而如果不理解有關基督教
的某些根本觀念，就很難理解基督教對死亡的態度。所以我要對佛
教和基督教的一些基本觀念進行一番比較。我們在佛教和基督教中
都看到人類被禁錮在某種對自我的理解之中，需要從中解放出來。
這種解放採取的方式是改變我們對『我們是誰』的理解。我們的自
我認知必須加以改變。」

　　「就是在這一點上，兩者的不同之處開始出現。對佛教來說，這種改變，即改變自我認知，似乎是來自長期修行而理解了實在的本質，或者說領悟了原來對自我的理解是不實在的。在某種意義上來說，也就是人超越了自我。在基督教、猶太教和伊斯蘭教中，帶來轉變的是人和神的關係，你可以說，是和上帝的友誼。

　　「這種宗教理解是建立在人類共同經驗之上的。在和某些人的親密關係中，我們看到整個世界似乎不一樣了。在與某些人為伍，我們自己可以變得不同。例如，與聖人或者是非常深刻的人交往，我們自己的慈悲會增長，憤怒會減少。我認為在此地跟您在一起的幾天裡，我們都有這樣的體驗，我們跟在外面的時候不完全相同。某種意義上說，基督教、猶太教和伊斯蘭教的整個宗教觀點是以更大的規模建立在這一人類現象的理解之上。我們跟上帝的關係是跟這一神聖存在的親密友誼。就像跟一位聖人的親密關係能夠改變我們一樣，跟上帝的友誼也會促進這種改變。」

　　「我把這一點稱為對話原理：人類被對話所改變，或者說被與別人的關係而改變這一概念。這一對話的理解存在於基督教的核心，而上帝之愛的運作既是主觀的，也是客觀的，既包含我們對上帝的愛，也包含上帝對我們的愛。上帝對世界之愛的概念起了非常關鍵的作用。世界之所以存在，被理解為只是由於上帝之愛。我們跟上帝的友誼越緊密，我們就越可以參與到上帝之愛中。在這裡和佛教有一個非同尋常的一致，我們的自我認知以這種方式改變得越多，我們對其他生靈的慈悲和愛也越深。」

基督教傳統中的死亡觀

　　「現在我們來看這一理解怎樣影響了對死亡的態度。首先，我要對這兩種傳統的不同思想方法做一個評論：在這幾天裡，佛教對生命本質、心識和死亡的高深、精密和全面理解給我深刻印象。這幾乎就是一門嚴格的科學，完全建立在對此深入研究之人的自身經驗之上。在基督教中，那些深入到和上帝建立友誼的人的經驗，在某些領域得出了相當嚴格的思考，但是進一步延伸到死亡與後世生命的問題，基督教沒有產生可以和我們在佛教傳統中看到的那種精密學問。在基督教傳統中，我們預設我們不可能充分知曉這個領域，因此我們只能猜測，泛泛而談，而不是去尋找真相。可見，基督教和佛教從一開始就在探索不同的東西。」

　　「在基督教中，死亡絕不能讓我們與上帝分開。關鍵是要跟上帝在一起。為此就有了種種圖像，如天堂和地獄。這些圖像在西方民俗、宣教和文學中是非常有力的。想想中世紀詩人但丁關於死後生命的壯觀壁畫。在一個非常重要的神學問題上，這些圖像有一種悖論：如果我們只存在於一個尋常的世俗生活時間裡，我們就無法理解我們和上帝的關係。上帝不是存在於我們感受到的一個瞬間接著一個瞬間的那種時間裡，而我們自己則總是只活在時間流的一個點上，而不在另一個時間點上。所以我們有永恆這個詞，我們所說的上帝之永恆是很非常矛盾的——上帝用某種方式存在於所有人的所有時間裡。」

「如此推理，跟上帝在一起就意味著上升到這樣的時間維度。想像時間是二維的，我們現在生活的是其中一維，而上帝之永恆是在另外一維。想像一下我們是在地板上爬的螞蟻，只知道我們在地板上的這一個點。而站在螞蟻之上的人類，則能夠把整個房間裡的螞蟻都聯繫起來。他們可以接觸到螞蟻在未來才能爬到的地方。也就是說，他們可以從未來的時間點，也可以從螞蟻過去的時間點來敘述。這個景象就是上帝在時間上呈現給人類的同樣景象。」

「基督教神學將此表達為諸聖相通，通過復活的概念來理解。這裡有一個悖論。基督教將人類視為有限的。我們在一個特定的時間段裡生活在特定的地點，但是我們在另一個維度可以突破這個限制。在有關復活的福音故事中，一個人的生命在某個點上被釘在十字架上結束了，然後在另一個維度上重新開始，並且由此超越這個維度而向人類顯現。他甚至在死後仍然能夠向他的追隨者充分顯示他的存在。在基督教世界裡有各種涉及靈魂在無盡的時間中連續存在的神話，但它們其實不是基督教的觀念。在基督教中，存在之充分性有能力提升到另一個維度，從而超越自身的局限。」

西方對待死亡的態度

「現在我想來談談上述思想怎樣影響了西方對死亡的理解。這裡我們需要的另一個背景是我們在第一天就討論過的，西方在很大程度上發生的對基督教的背離（見第一章）。這兩者都影響了我們對

死亡的理解。」

「在基督教敘事中出現的對死亡的理解主要是一種社會性理解，它們以傳說與神話的元素出現。在最近幾個世紀的現代西方意識中，這個觀念展示的是對他人死亡的關注。這聽起來有點奇怪，讓我用對比來解釋。大致上從 13 到 18 世紀，西方基督教世界迷戀於『我自己的死亡』以及拯救和墮落的問題。我認為這一宗教現象是當代西方個人主義的最重要來源，雖然這還是一個有爭議的話題。在西方基督教世界仍然有一些地方的人們非常執念於此，但是從 1800 年開始出現了一種變化。對死亡的執念不再是『我自己』的死亡，而是失去所愛的親人。有一位偉大的西方死亡觀歷史學家說到了這種從『我自己』的死亡到『汝』的死亡，即他人死亡的轉變。」[1]

「失去親人和這一文化與文明的整個對話性本質有深刻的聯繫。人變成了一個跟其他人有緊密關係的人，而死亡使得這種聯繫斷裂。某種意義上來說，這種觀念來源於整個西方基督教文化，但是故事還有另一方面：西方對基督教的反抗，這種反抗本身受到了基督教的激勵。世俗主義深植於基督教思想。這一思想的起始認為人類有一些東西是好的、是對的，而我們必須看到這些好東西。這種思想在舊約第一章中，在創世紀的開頭就表達出來：『神看著一切所造的都甚好。』上帝的友誼意味著看到了創世是好的，尤其人

1　譯注：Philippe Ariès, *Histoire de la Mort en Occident* (Paris: Seuil, 1974).

類是好的。西方世俗主義的部分力量在於聲稱這樣做比其宗教原始
思想更有效。在 18 世紀，不信上帝的人聲稱他們對人類有更高的
看法。他們認為人類像他們那樣就是完美無缺，而屬靈的基督教徒
則把人看成是某種意義上扭曲變形、無法理解自身。」

對死亡的世俗態度

「可是，世俗主義把兩樣東西從基督教中分離出來了。它切斷
了對失去、對悲痛、對邪惡的任何更深的理解，它也趨向於取消對
話性。它引向了這樣的景象，即人類是自由的，完全獨立地矗立在
那。這在西方引出了一種非常奇怪的、令人不適的對於死亡的病理
學態度。它變得更為困難去面對死亡的整個現實。今天很多人對死
亡的理解就像我們的維多利亞時代祖先們對性的態度。維多利亞時
代的過分拘謹的原因是什麼？他們把自己看成是完全可以按他們的
倫理來生活的人，所以情欲造成的不安非常令人困擾，不是因為他
們必須對抗情欲，而是因為他們不想承認情欲的存在。

「在世俗社會中對待死亡出現了類似的情況。我們對自然、對
幸福的完美想像，清洗掉了所有陰暗和邪惡。青春、健康和力量幾
乎成為一種狂熱崇拜。商業廣告展示美麗的年輕人在陽光海灘上嬉
戲，沒有邪惡，沒有死亡，沒有疾病。死亡和失去親人是難以啟齒
的。」

　　「若干年前我參與發動了臨終關懷運動。Elisabeth Kubler-Ross 發現醫生們在醫院裡對待病人有這樣一種態度，他們下意識地放棄那些無助的病人，而將注意力轉向那些他們能夠提供幫助治癒的病人。那些瀕臨死亡的病人相對來說較少得到照顧。如果你告訴醫生他們或許應該關心這些病人，這些垂死的病人也許需要有人跟他們談談他們的狀況，醫生們都回答說，『喔，不，他們不想談論這個話題。』但實驗證明，那些瀕臨死亡的病人確實想談談這個話題。醫生是把他們自己對死亡的不適感投射到了病人身上。於是，一個改革運動發起了，建立了專門的病房，動員志願者來陪伴這些病人度過臨終階段。這一運動實際上恢復了對死亡意義的理解，恢復了人類面對死亡的能力。我們明天在喬安·哈利法克斯的演講中還要討論這個話題。

　　「一個文化把死亡過濾出去，這很有意思。這也和當代西方科學的某種態度相關。科學可以成為要把世界變得更美好，沒有邪惡和死亡的世俗觀念的精神同盟，因為科學將自己作為一種工具貢獻出來，你可以用來修理東西，使之更完好。我想我們都感染了這種科學態度。我們認為我們可以控制事物的想法，就是來自於此。」

　　現在，輪到彼得·恩格爾坐到熱座上，以醫生和科學家的身分說話。

第七章
什麼是身體的死亡？

　　留著一把白鬍子，衣著隨意的彼得‧恩格爾是他演講主題方面的學術權威。彼得是加州大學洛杉磯分校醫學院的神經學與神經生物學教授及癲癇症中心主任。他的演講展現出一種真正的謙卑和坦誠，創造出一種輕鬆而愉快的氣氛。

　　「作為科學家，我將要說的內容跟我們昨天聽到藏傳佛教的死亡和意識概念相比是極其簡單的。我們西方醫學的死亡觀就像是將電燈開關關掉：這就是終結。」

　　「查爾斯‧泰勒介紹了西方對死亡的態度，這非常有益，因為這讓我的講解有了一個大的背景。我是神經學家、醫生，專門治療神經系統的失常，特別是大腦的失常，我跟將瀕臨死亡的病人打交道。醫學科學似乎更注重把死亡當作一種邪惡來加以防範，而不是注重於改善生命的質量。我還是神經科學家，所以我看待這些現象時是用一種非常疏離、嚴峻的科學觀點，這種觀點無法跟我們昨天聽到的相比，甚至也不能跟查爾斯今天上午講的來比較。」

　　「以我個人來說，從小我就非常害怕死亡，甚至連想都不敢

想。現在我仍然很難嚴肅地思考我也將死去這個事實，很難接受當我死去，一切都終結的科學觀點。所以，我感到非常幸運能夠和尊者您一起討論這個話題，學到那可能是超出我預想的東西。」

西方醫學的死亡定義

「我想談談有關死亡、昏迷和意識的醫學觀點，也想談談其中的倫理問題。我相信，在我們作為醫生防止死亡、延長無意識的生命時，涉及極其重要的倫理問題。」

「生命的物理條件，如西方科學家所想的那樣，是一個包括多種器官的身體，其中每個器官都包括一些器官組織。有些器官非常複雜，有很多種組織；有些則只有一種組織。每一種組織都有很多細胞組成，細胞是生命的真正實質。細胞可以死亡，器官可能衰竭，最後因為細胞不能維持而導致整個身體衰竭。細胞為了維持，非常簡單，需要能量來源和廢物清除。這就像一團火，你必須不斷地添加燃料。如果你把火蓋住，使得它產生的二氧化碳無法消散，火就會窒息而熄滅。如果炭灰堆積，火也會熄滅。就像火一樣，我們需要氧。氧是由肺所提供。我們需要營養，我們吃食物，消化系統將食物轉化為身體內的細胞可以使用的營養如糖分。肺將二氧化碳廢氣排除。腎臟將體內產生的毒素清除，肝臟將毒素分解成無害的化學物。心臟和血管是傳輸系統。所有這些都是生命所必須的。」

　　「因為我們如此害怕死亡，現代醫學科學投入了如此多的努力、金錢和資源去防止死亡，以至於現在這個生命系統的各個部分的失能都是可以克服的。如果某人的肺不工作了，我們可以使用人工呼吸器。如果消化系統失效了，我們可以將營養輸入血管。如果肝和腎衰竭了，我們可以用機器來代替，或者移植器官。」

　　「詭異的是，這樣做產生了一個怎樣定義死亡的問題。我們從誰那裡獲取這些器官的呢？我們需要找到已經死亡的人。為了找到一個用於移植的心臟，理想的是應該找到一個身體仍然活著的人。那麼我們怎樣定義死亡？一種方法是將死亡定義為*大腦已經死亡的狀態，雖然身體仍能活一段時間*。我們找到由於事故或其他災難而導致腦死但沒有影響其他器官的人。然後我們摘取他們的器官。我們將心臟給這人，肝臟給另一人，腎臟或角膜給別的人。看到一個亡故的人能讓那麼多人受益，這是一件好事。作為醫生，能夠討論這個話題是好事，比如告訴父母，他們孩子的死亡能夠給許多人帶來巨大的好處。」

　　「那麼，死亡是怎樣發生的？器官系統可以因為損傷或疾病而失效。當它們失去功能的時候，不管出於什麼原因，我們要麼失去了能量來源，要麼毒物積累，最終導致死亡。感染和其他外部原因也可能殺死細胞，阻礙能量循環。在西方科學中，生命建立在這個能量基礎上。」

　　「但是這些系統還有一個控制機制，大腦。在有些情況下，

失去控制機制也會導致死亡。這是一個有趣的現象，因為我們認為神經系統有兩個部分，軀體神經系統和自主神經系統。自主神經系統負責身體的植物功能（vegetative functions）[1]：心跳、胃分泌胃液來消化食物，在某種程度上，呼吸也與此有關。對普通人來說，大腦對自主功能沒有主動的控制。然而，呼吸中心是位於腦幹部分；如果大腦死亡，呼吸中心也就死亡了。這人不再呼吸，整個身體也就死了。在使用呼吸器的情況下，這個身體可以保持很長時間仍然活著。」

尊者評論說，前面說如果一個人不能呼吸就會大腦死亡。現在反了過來，如果腦幹失去功能，你就不會呼吸了。彼得承認說，這兩者都是事實。

「打個比方說，我們可以說骨、肉和皮膚等物理結構就是土壤，傳輸系統就像水。而支持生命的能量系統就像火。」

達賴喇嘛說，運動性更普遍地和內在的風元素相關，而不是火元素。在西藏傳統中，火更密切和消化相關。彼得指出，如果火代表消化，那麼它是和能量來源相關。尊者接著說，「是的，但是風這個概念是指運動性，任何種類的運動，不僅僅是有意識的運動。例如，即使是在死亡之後，身體在分解的時候仍然有運動。細胞分解的這個運動，就意味著為風元素。根據定義，如果有運動，這就

1　譯注：指那些與維持生命最直接相關的身體過程。

表明存在著風元素。」他停頓了一會兒，找到了一個參考：「西藏學者 Taktsang Lotsawa 在他的一部論述時輪密續的文章中提到，有一種風，或活力能量，甚至在屍體中也存在。他寫下這些是為了回答一個普遍的看法，說死亡過程中所有活力能量都集中到了心臟。看來在密集（*Guhyasamaja*）系統和時輪系統之間有一些分歧，這兩者都是最高級的瑜伽密續。」

作為醫生，彼得對此發生了強烈的興趣：「如果身體為大腦提供了所有支持系統，那麼是不是有可能身體死了而大腦還活著？這只可能是在完備的人工循環之下，這仍然還只是科學幻想。我在想，您所說的明光狀態是不是身體死了而大腦還存活著的狀態，但是如果風元素在心臟部位崩塌，那麼大腦在死亡的明光時期也死了。」尊者點了點頭，半開玩笑地對彼得說：「所以大腦活著而身體死了的狀態，是所有系統中極其非自然的！」

佛教對死亡的一種定義

在大家的哄堂大笑平息下來以後，達賴喇嘛繼續說：「把佛教對死亡的定義和科學的定義混為一談，也會產生誤解。在科學系統中，你們有根有據地談論大腦的死亡和心臟的死亡。身體的不同部分可以分別死亡。可是在佛教系統中，死亡這個詞不是這樣用的。你從不說身體某個部分的死亡，而是只說整個人的死亡。這樣的說法符合一般對死亡的理解。當人們說某個人死了，我們不問『那麼，

是哪一部分死了？』死亡這個詞是一個包括性的概念，指的是整個人，而不是指某個特定器官的專門概念。根據佛教，死亡的定義必須跟生命的定義相比較去理解。生命定義為意識的基礎。一旦身體不再能支持意識，那就是死亡。總的說來，從佛教的觀點，這是個能用於人類的不錯的工作定義。但是如果你想更深入細節，那麼你就必須超越人類的存在，考察無形的領域（無色界）、欲望的領域（欲界）和有形的領域（色戒）。死亡的定義只是在欲界（即我們生活其中的領域）和色界（這個領域我們還沒有討論過）裡給出了足夠的意義。在無色界，有情眾生沒有粗分之身，這種情況下我們前面的死亡定義就很成問題了。」

　　佛教傳統認為，有情眾生在這個物質星球上，或所謂欲界中，以我們不熟悉的形式呈現。有情在六個領域裡（即六道）存在：天道、阿修羅道、人道、畜生道、餓鬼道、地獄道。從西方觀點來看，尊者給出的定義甚至對我們較為熟悉的畜生道也產生了問題，因為很多人會懷疑老鼠或蝴蝶是有意識的，雖然這個問題有一些不同看法。[2] 此外，有些現代西藏學者對這些不同的生命形式給出了更為比喻性的解釋。[3]

2　譯注：見 D. Griffin, *Animal Minds* (Chicago: University of Chicago Press, 1989).

3　譯注：C. Trungpa, *Transcending Madness: Bardo and the Six Realms* (Boston: Shambhala Publicvations, 1993).

插曲：關於器官移植的談話

彼得注意到門外的茶點已經準備好了，他說，「我只想在休息前再談一點。因為占優勢的西方科學觀把心智等同於大腦，將人等同於心智，所以現代醫學的目標是要讓大腦活著，有時候為此以其他器官系統為代價。要不然，大腦一死，我們就死了。」

尊者轉向了大腦和器官移植的話題，這個話題在第一次心智與生命討論會[4]上提出過：「看上去好像大腦移植不大可能發生？」他的問題引出了下面的熱烈討論。

彼得‧恩格爾：這是個有意思的悖論，因為這樣一來就是身體移植了。

達賴喇嘛：如果大腦移植給一個新的身體，這個新身體會成為前面大腦捐獻者的身體嗎？

彼得‧恩格爾：對。人是跟著大腦的，所以大腦移植就是一個人的移植。

達賴喇嘛：如果是這樣，那麼得到了一個新的大腦的人事實上並沒有獲救？

4　譯注：見 Hayward and Varela, *Gentle Bridge.*

彼得‧恩格爾：是的，身體是捐獻出來的。我們說一個捐獻了心臟的人是捐獻者，在大腦移植的情況下，整個身體是捐獻者。

達賴喇嘛：移植顯然是重建性的；你事實上製造了一整個完全不同的新人。

彼得‧恩格爾：如果您把一個人的特性認定為這人站立的方式、說話的方式、姿勢態度的方式，那麼根據西方科學，如果你的大腦移植到我的身體上，我的身體就會採用你的大腦所支配的那些特性。

達賴喇嘛：這個問題部分涉及了多少特性是我們認為組成一個人的核心。怎樣的轉變會影響到人的核心？

彼得‧恩格爾：您問了一個非常困難的問題。電腦現在已經變得如此複雜，我們可以說它們能夠思想。它們甚至可以說是有創造性的，這迫使我們去定義，到底是什麼使得人類大腦不同於未來能夠想像的電腦，是什麼讓我們可以說我們是人類而電腦不是。我不認為神經科學家會說，有一天電腦最終將變成人類，但他們也不能給你一個好的理由為什麼電腦就是不會變成人類。這個問題變成一個深刻的哲學問題甚至是神性問題，這對純科學家來說不是一個令人滿意的答案。我要問問這裡的科學同行們有沒有什麼可說的。

達賴喇嘛：如果你真的用大腦來定義人，我們可以問，在大腦形成之前的胚胎階段，這個人是否存在？你會回答說，在那個時候還沒

有這這個人。如果確實是這樣，這個答案構成了人工流產的正當性。人工流產沒有殺死任何人，那只是將母體中的一個部分取走了。

彼得‧恩格爾：在西方，為了什麼時間點胚胎成為一個人的問題有非常嚴肅的爭論。不同的思想流派取決於不同的宗教背景。

佛朗西斯科‧瓦瑞拉：在終結一個生命和殺死一個心識即一個人之間，有一個區別。多數科學家會同意人須有大腦，所以在成為一個人之前，在胚胎中必有某種大腦存在。但這不能成為為人工流產辯解的理由，因為即使是在受孕的瞬間你就有了生命。

彼得‧恩格爾：今天下午我們將回到這個問題上。現在讓我再詳述一下，因為您給了我們一些有關大腦移植的思想素材。現在西方醫學界正在做部分大腦移植，雖然還不是很成功。整個大腦的移植還沒有人做過，但是在疾病造成大腦特定功能的一小部分損傷的情況下，現在有可能將同樣功能的神經細胞從胚胎中分離出來，然後注射到大腦中。這些細胞將生長並連結起來，彌補已有的大腦缺陷。這些大腦細胞必須是在發展中的階段而不是已經充分長成的，使得它們能生長並恰當地連接起來。[5]

達賴喇嘛：那麼那個胚胎只能死亡，是不是？你不能從一個活著的胚胎中抽取細胞？

5　譯注：J. E. Ahlskog, "Cerebral transplantation for Parkinson's Disease: Current Progress and Future Prospects," *Mayo Clinic Proceedings* 68 (1993): 578-91.

　　彼得‧恩格爾：是的。不過，大腦是極其複雜的，有很多不同的部分，各有很多不同的功能。我們不能簡單地說大腦就是心識，就是人；我們不得不問大腦的哪一部分是心識。如果我們能移植大腦的一部分，那麼要移植多少大腦才能讓他變成一個不同的人？這是一個有意思的問題。

　　這確實非常有意思，人們將在很多年裡思索這個問題。這時，茶點準備好了，談話如往常一樣變成了更小的三三兩兩的交流。

腦死

　　會議在休息後重新開始，彼得繼續他的報告。「讓我用一個簡單的演示來解釋一下什麼是腦死。如果死亡是由一般的毒物或代謝問題造成的，它將影響心臟失效，身體其他部分也隨之死亡。為了造成腦死，需要有一些東西影響了大腦却不影響身體的其他部分。如果死亡的原因是系統性的中毒，它將影響心臟和大腦，而且所有器官也會損壞，無法移植。」

　　「使得大腦最終死亡的原因是失去了流向大腦的血液，向大腦輸送血液的系統被毀了。大腦是在顱頂之內，這是一個保護著大腦的盒子。它的四周包裹著液體，使得即使頭部遭受重創，大腦仍然能保持完好。但是這個盒子也是一個囚室。如果發生了什麼事，比如長了一個瘤，它就將占據顱內空間，壓迫大腦和腦幹。脊髓

和腦幹及大腦其他部分結合的地方，骨頭上有一個孔（叫做幕切跡〔tentorial notch〕）。這是可能造成腦疝的區域，大腦可能被推到這個空間裡，從另一側出來。如果大腦中出現某種膨脹性的結構不正常，如腦溢血、膿腫、腫瘤，或由感染或創傷引起的腫脹，就會造成大腦疝流進入幕切跡。它不僅會壓迫腦幹（腦幹是意識和大多數身體功能的關鍵區域），而且還會壓迫腦幹中的主動脈，切斷供應整個大腦的血液。」

「還有第二種情況，即不正常的物體長在頭顱中腦幹的部位，造成直接壓迫腦幹引起腦死。在大腦中有一些孔叫做腦室，裡面充滿液體。這些腦脊髓液體是在腦室中製造，它流經腦幹中一個叫做中腦水管的細管流出大腦。這是腦積水得以流出的唯一通道，所以當你在這第二個空間長了一個東西造成向上的疝流，它就會堵住中腦水管，腦積水就無法流出。液體積累起來就會造成小腦幕裂孔疝而切斷血液供應。無論是哪一種情況，結果都是通向大腦的血液供應中斷，而我們認為那裡就是意識存在的地方。這時人就死了但是身體的其他部分還活著，這就是腦死的情況。這些腦死的人對那些需要心臟和腎臟的人來說，是最好的器官捐獻者。」

「現代醫學怎樣以足夠的確定性來定義個體的腦死，使得該人的器官可以被摘取，或者終止人工呼吸？這樣的人都需要呼吸器，因為這是保持他們呼吸的唯一辦法，而呼吸是由大腦控制，是使身體存活的必不可少的條件，所以這時呼吸必須用人工來維持。讓人的身體在這種狀態下保持幾個星期，對他們的家庭來說是非常強烈

的情感折磨，也是非常昂貴的。你能讓一個人在這種狀態下維持多長時間？在什麼時刻關掉呼吸器，讓身體死亡，然後說：『一切都已終結？』」

「如果整個大腦包括腦幹死了，就可以把呼吸器關掉，這點沒有爭議。這要求大腦不再有腦幹反射。有些反射是通過腦幹的，如果這些反射不再存在，我們就能識別腦幹死了。例如，呼吸是一種腦幹反射，如果你將病人和呼吸器脫離，三分鐘過去而沒有出現自主呼吸，就代表腦幹反射沒有了。如果你把冷水放在耳朵上而眼睛不動，這也說明沒有反射。如果眼睛動了，這說明腦幹的一些功能仍然存在。另一方面，身體其他部分通過脊髓而保存的簡單反射不依賴於大腦的狀態。所以，即使這類反射仍然存在，我們仍然可以診斷腦死，因為我們西方人認為，我們不是活在脊髓中，而是活在大腦中。」

「我們還要考慮的是 EEG，EEG 表明大腦皮層是否仍然發揮功能。如果還有 EEG 活動，你就知道大腦還沒有死。如果 EEG 是平的，大腦可能死了，但這還不是絕對的證明。就像佛朗西斯科說的，這就像在達蘭薩拉放一個麥克風：如果你沒有聽到一點聲音，這並不是說那裡沒有一個人。所以，這些都必須放在一起加以考慮。我們也看血流，往動脈裡注射一種特殊顏料，然後用 X 光來看血液是否流入大腦。如果沒有血液流入大腦，這就絕對說明大腦死亡。但是這樣做很昂貴也很困難，所以我們通常依賴 EEG 和腦幹反射。如果 EEG 是平的，腦幹反射消失，昏迷的原因已知是不

可逆的，那麼說明病人已經腦死，我們可以關閉呼吸器。如果我們不知道昏迷原因，而且它可能是可逆轉的，如由藥物引起的昏迷狀態，我們就不能肯定腦死。我們通常會在二十四小時後重複試驗，證實這種狀態是持續的。但是在很多情況下已經不需要這樣做了。」

意識的大腦相關物

「我們認為，意識，作為人類生命特有的所有一切，都在大腦皮層裡。如果大腦皮層死了而腦幹還在活動，這種情況下大腦還活著嗎？這是現在西方醫學科學中一個正在爭論的問題。相反的情況也是有的，那是特別悲劇性的情況。舉例來說，如果有人在腦幹部位中風，導致頸項以下癱瘓，不能呼吸。他們依靠呼吸器生存但沒有能力行動。他們的大腦仍然活著，但是他們無法交流。他們能夠看是因為眼睛的神經直接通向大腦，他們的眼睛可以活動，因為眼睛肌肉在較高的位置。有時候他們也能聽，但是他們不能說話。這叫做*閉鎖症狀*，如果沒有仔細的神經學檢驗，很難判定他們的大腦還活著。這些人常常被當作深度昏迷來醫治，但他們其實能看到和聽到周圍在發生的事情。」

這樣的情況僅僅是談論就很很令人壓抑，一點不奇怪，尊者想知道這種情況有沒有辦法治癒。

　　「這取決於造成這種狀況的原因，」彼得說。「通常，這類情況是無法治癒的，但是也有可能治癒。通常是發生了中風，但有時候症狀是由中風引發的水腫導致，經過一段時間，水腫消退，功能就恢復了。病人可能並沒有完全恢復正常，但是他們能夠活動。所以識別哪些病人可以拯救是非常重要的，同樣重要的是識別那些清醒並理解周圍發生的事，甚至為此可能非常驚恐的病人，不要把他們當成處於昏迷之中而忽視他們。這樣的病人的 EEG 是正常的，你可以知道他們是醒著還是睡著。你也可以建立一套基於眼睛運動的信號來和他們交流。」

　　「我想更深入地談談意識的問題。在腦幹的上面部分有個區域叫做*上行網狀體激活系統*（ascending reticular activating system）。網狀系統的蕾絲狀網絡通過腦幹一直延伸到腦丘。腦丘在整合感覺功能方面起著非常重要的作用，但是它最重要的責任是激發。就是它負責讓你醒來的。網狀活化系統的損傷阻礙了病人醒來。在腦幹的較低部位是呼吸功能。因為它們是分開的，損傷可以摧毀意識但是沒有摧毀呼吸，失去了意識的病人仍然在呼吸。（圖 7.1）」

意識的改變

　　「我現在想談談意識和無意識。無意識包括昏迷，但是還有其他一些意識改變是值得討論的。在醫學術語中，意識的定義就是簡單的知曉自我與環境的狀態。它不包括睡眠中的意識，但是在某種

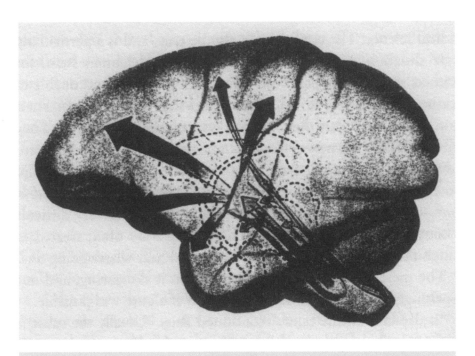

【圖 7.1】猴子大腦的上行網狀活化系統。（引自 Magoun，in Delafresnaye ed.，，*Brain Mechanisms and Consciousness*, Oxford: Blackwell, 1954.）

程度上睡眠和夢成為一種意識形式，清明夢肯定是一種意識狀態。」

　　「我想談一下大腦中功能組織的一些基本概念，為您介紹一些能夠非侵入性地顯示活著的人類大腦功能的新技術。在圖 7.2 中顯示大腦中的一些基本分區，這些您已經看到過，如額葉、頂葉、枕葉、顳葉都包含所謂的初級皮層，包括初級運動皮層、初級體覺皮層，以及初級視覺和初級聽覺皮層。然後在大多數人大腦的左側

是語言功能，包括運動語言和接受語言的功能。這些區域都相對較小。大腦的大部分是由我們稱為*聯絡皮層*組成的，它的功能非常難以定義。這些部分經常可以切除而不改變病人的能力或性格。這也是高度可塑的部分，如果大腦的一個部分受到損傷，另一部分可以接替它的功能。可塑性在很年輕的時候是最高的。可塑性隨著年齡增長而降低，但初生皮層不是可塑的。」

「以前在神經科學中一個爭論很大的問題是，高等功能在大腦中是不是分散地分布的。例如，當我想起我的母親，這是發生在

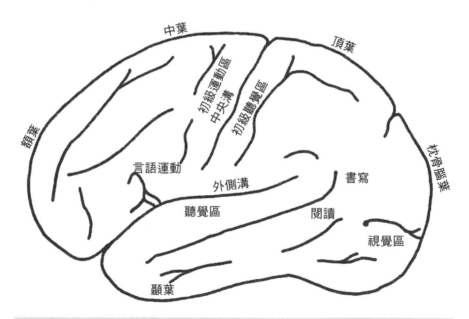

【圖 7.2】具有特殊解剖學和生理學特性的皮質區域。（改編自 Cooper et al.，*EEG Technology*，2d ed.，London：Butterworth's，1974。）

海馬體（即大腦中負責記憶的關鍵區域）？還是需要一個網絡，這兒兩個細胞，那兒三個細胞，另一側更多的細胞，它們結合在一起我才能夠產生我母親的形象？現在越來越多的人相信，這涉及整個網絡。你可以拿走其中幾塊，在多數情況下剩下的部分仍然能夠產生完整的圖像。可是，初生皮層中的小損傷會造成很大的神經缺失。如果這些損傷是在其他部位，也許並不會造成什麼問題。意識的變更需要在兩側皮層造成損傷，或者是在腦幹的網狀激活系統造成創傷。」

「現在我想談談大腦造影的一些新技術。圖 7.3 中的圖像是正常人大腦的結構，不同顏色表示有關功能的訊息。顏色相當模糊，但是我們可以通過設定特定的任務來產生定位更好的圖像。顏色所代表的訊息是從一個簡稱 PET，即正電子放射層掃描的成像技術獲得的。它將放射性追蹤物注射進血液，然後探測它出現在大腦的什麼地方，從而得到有關大腦功能的影像。在這種情況下，追蹤物是葡萄糖，所以我們可以看出大腦的哪一部分使用較多、哪些部分較少的葡萄糖。電腦製成的用糖圖像在染色後顯示，用糖最多的部分是紅色，其次是黃色、綠色，用糖最少的部分是藍色。」

「圖 7.3 顯示的是人在從事各種認知活動。不同區域出現了某種活動，這取決於當時在進行的任務。深藍色空間是充滿了腦脊髓液的腦室；那裡一點也沒有大腦活動。例如，在標明為『視覺』的任務時，受試者注視著他面前的一個圖案。當受試者睜開眼睛時，你能看到在枕葉皮質層的某種活動。這就是視覺皮質層（圖中箭頭所

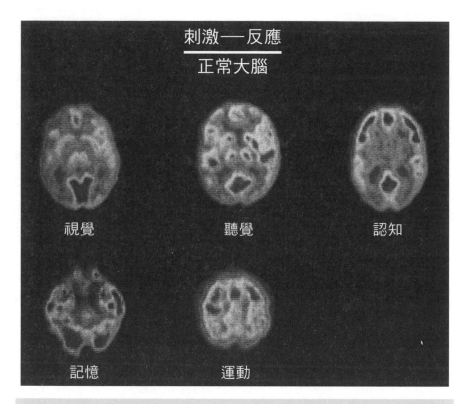

【圖 7.3】五種行為活化狀態反映在大腦的葡萄糖代謝中。（編注：在一般造影中，代謝率最高的以紅色顯示，最低以藍色顯示，中間值以黃色和綠色顯示）（經菲爾普斯和馬齊奧塔許可引用，「Positron Emission Tomoraphy: Human Braom Function and Biochanistry,」*Science 228* [1985]:799. ©1995 *American Association for the Advancement of Science*）。

示）。『認知』任務要求受試者記住和解決問題；而『記憶』任務要求受試者聽一段講述並記住盡可能多的細節。『運動』任務要求簡單地依照一定順序用一隻手的各個手指接觸另一隻手的大拇指。

『聽覺』實驗是一些語言和非語言的聲音結合起來往雙耳放送。你可以看到這時聽覺皮層的活動。幾乎所有人都有語言主導的腦半球（一般是左腦），語言中心就在那裡，另外一個腦半球則是非主導的。」

尊者喜歡探究實驗細節，立即將之具體化：「這個跟母語有關係嗎？」彼得解釋說，當受試者聽到的是他不懂的外語時，主導語言的半腦不會被活化。達賴喇嘛仍然追問：「說母語和通過學習得來的外語半腦活動有區別嗎？」彼得再次解釋說，「語言處理過程都在主導語言的一側，但是如果某人懂兩種語言，它們可能是在大腦中的不同區域。大腦某部分發生的中風，有可能導致失去一種語言能力而不影響另一種語言能力。」尊者笑容滿面地回答說，「我明白了。」說罷大笑起來，「我認識印度的一位總理，他懂得十一種語言，看來他處於更為安全的狀態。」

彼得繼續說，「這是一個令人著迷的話題，因為有些語言比其他一些語言有更右側的特徵。例如日語就是非常側重圖像的，更多涉及大腦的右側，右側對視覺和空間組織非常重要。」

尊者又問：「這對一個閱讀漢字的人來說是這樣，但那和一個不讀漢字的人是同樣的嗎？」

「這是一個很有爭議的問題。有些日本語言學家相信，日語在某種方面模仿自然的聲音，如鳥鳴和昆蟲的鳴叫。大腦右側無疑和書寫能力有關，但是更為複雜。」

尊者指出，藏文中也有很多詞彙是模仿聲音的。「例如，摩托車這個詞，藏語中是『啵啵』」，大家聽了跟他一起哄堂大笑。

「也許最重要的功能在我們完全沒有看到的區域裡。我們能夠辨別的是消耗了葡萄糖的部分細胞。如果重要的功能是非常高效的，而且只涉及很少的一些細胞，我們就無法看到。多數人相信音樂的功能是在大腦右側，但這並非總是如此。例如，在一個實驗中，受試者被給予一個音樂任務。這項任務是聽一系列的旋律，然後在停頓一段時間後，判斷第二個系列旋律和第一個是相同的還是不同的。有些人完成這個任務是動用了大腦右側，另一些人只用了左側。這個實驗只是對少數受試者做過，但是非常有意思的是它顯示了人們用不同的方式來記住音符。那些用大腦右側來記住旋律的人是自己哼唱這些旋律。那些使用左側大腦的人，要麼是經過訓練的音樂家，他們把旋律直觀為音階上的符號，或者使用分析的方法將旋律變成視覺符號，比如變成長短不一的音節。他們記憶的方式是不一樣的。大腦左側似乎更多地用於分析過程。為了證明這一點，研究者選出那些用分析方法記憶旋律的人，做同樣的實驗，但不是給他們聽旋律，而是聽音質。音質是一種容易辨別的聲音性質，例如鋼琴和提琴之間的不同，但是這種不同很難定量。你無法把音質轉變成可視的音階符號或者長度不同的音節。用左側來聽旋律的人，在做同樣的音質實驗時，大腦活動轉移到了右側。」

「接下來我想談談意識的改變。我們根據症狀把大腦損傷分別為*破壞性*的和*刺激性*的。癱瘓、失明和耳聾是破壞性的，幻覺、疼

痛、癲癇發作則是刺激性的。造成意識改變的破壞性事件擴散影響整個大腦皮層。但是刺激性的干擾也會造成意識改變或者意識失落。精神原因的波動是一個例子，這時是心識而不是大腦改變了意識。」

「破壞性損傷可以是急性的，也可以是慢性的。改變意識的急性狀態可以定義為從最少破壞性的到最大破壞性的。在*困惑狀態*下，人可以失去方位感；*精神錯亂*意味著更嚴重的困惑。意識不清狀態的人難以保持清醒，但是你可以喚醒他們，他們也會回答你的問題。接下來是*昏迷狀態*，你很難喚醒他們，他們也不能對你的問題給出一個有意義的答覆，但是他們可能對疼痛刺激做出反應。最後是*深度昏迷狀態*，這種狀態下的病人完全不做出反應。這些不同狀態的術語不是十分定量的。我認為這些術語很糟糕，因為它們並不能告訴你正在發生什麼事情。為了研究這些情況，你需要明確地瞭解使用什麼樣的刺激會得到什麼樣的反應。昏迷是一種非常嚴重的功能失效，網狀活化系統處於休克狀態，雖然不一定直接被毀。在有些類型的深度昏迷中，網狀活化系統的損傷是可以逆轉的。不過，非常重要的是，要知道這種深度昏迷總是過渡狀態，病人最終將脫離這種狀態，要麼死亡，要麼醒來。這可能要幾個星期，有時甚至幾個月才能克服這種休克狀態。但是只要他們存活，他們最終將醒來。但是如果他們有嚴重的大腦損傷，他們可能在醒來時也並不比昏迷中更好。這叫做*持續性植物狀態*。」

「植物狀態是當病人在幾個星期或幾個月的深度昏迷後醒來，可是卻沒有一個有意識的大腦。他們的自主功能完好，但是沒有能

力對環境作出反應，也不知道自我。他們可能需要也可能不需要呼
吸器。這是一個重要的醫學倫理問題。這些病人對他們的家人形成
了極大的痛苦，需要極大的資源來讓他們保持活著。現在，如果一
個在植物狀態下的人能夠自己呼吸，他們可以無限制地活下去，我
們作為醫生無法終止這一切。」

「*痴呆*則是一種慢性狀態，大腦遭受某種結構性損傷，導致病
人在所有功能領域都不正常。痴呆有很多不同的種類，一般的原因
是大腦皮層退化性疾病。」

「另一種慢性的意識改變是嗜睡症，異常地需要睡覺。這一病
症有兩種類型。人們有可能出於佛朗西斯科星期一談到的原因而欲
睡。另一種類型是*中性狀態現象*，他們時不時地短暫睡著，叫做*微
小睡眠*。在這種短暫睡眠期間，這些人一切正常，但是確實睡著了，
不會記得他們做了什麼。這些人會表現得行為古怪。例如，他們會
坐到汽車裡，開車，然後突然發現他們自己到了一個陌生的地方，
不知道自己怎樣到了那裡。」

「還有一些狀態是心理性的。這發生在精神分裂症中。在緊張
症中，病人醒著但是不做出任何反應。你可以把他們的肢體放在某
個姿勢上，他們就一直保持這種姿勢。這是一種精神病狀態，叫做
蠟樣屈曲。這不是因為大腦受到我們能觀察到的物質性損傷，而是
某種我們現在還沒有瞭解的化學性干擾。*幻覺*是一種精神病症，他
們所看到的外部事物和實際上的不一樣。例如一條狗在他們看來就

像一頭可怕的獅子。*幻聽*也是一種精神病症，主要是在聽覺方面而不是視覺上。病人可能會聽到聲音告訴他去做某些事情。*歇斯底里*是一種神經症，它不像精神病那樣嚴重。病人會表現出他們實際上並沒有罹患的疾病症狀。深度昏迷也可能是一種歇斯底里症狀：有時一個病人顯得好像處於昏迷之中，但實際上大腦完全正常。」

癲癇症

「意識變更的最後一個原因是癲癇症，我在這個領域裡工作了很多年。癲癇症包括多種狀態，由於某種創傷或其他失常而造成大腦細胞過度反應。這些狀態可以分為部分的和全面的。部分的癲癇發作是從半腦的一個部分開始的，而全面的癲癇發作是從兩個半腦同時開始的。」

「部分癲癇還進一步分成簡單的和複雜的，取決於意識是否變更。一個簡單的部分癲癇症發作，可能只是手抽搐或是看到了什麼不存在的東西。複雜的部分癲癇會失去知覺。病人會摔倒，肢體會出現奇怪的動作，會有咀嚼的動作，但是他們不會有暴烈的行動。複雜的部分癲癇發作，是由於大腦中稱為*邊緣系統*或*顳葉*的部分出現不正常而造成的。」

「我們把全面的癲癇發作分為痙攣的和非痙攣的兩類。痙攣的抽搐是多數人談到癲癇症所想的那種症狀，病人發作時身體僵直、

摔倒、顫抖。他可能會咬傷自己的舌頭或者小便失禁。在某些非痙攣**癲癇症**發作時，病人可能只是短暫地失去意識，或許只是幾秒鐘；在此期間他只是眨了幾下眼睛，其他什麼也沒有發生。這種**失神發作**可能一天發生數次。**肌肉陣攣性癲癇**發作時，可能只有一次或幾次快速的顫抖。還有其他一些癲癇類型，在發作時病人失去肌肉力量而軟癱。」

「這些都是不由自主發生的，並非罕見現象。大約 1% 的人口患有慢性癲癇症。如果你活到八十歲，你有十分之一的機會至少有

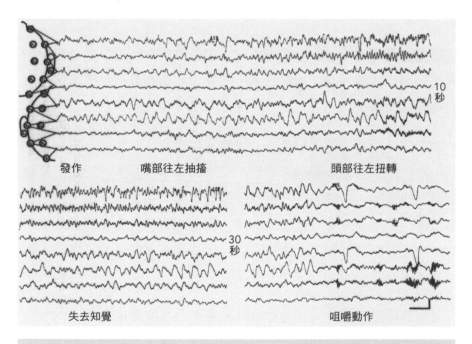

【圖 7.4】一名顳葉性癲癇病人在發生複雜的部分癲癇時記錄下的 EEG 圖像。

過一次這種癲癇發作。癲癇症是神經系統的一個特殊現象，通過研究這種現象使得我們能夠理解大腦功能的機制。在西方醫學中，對癲癇症的描述已經有好幾百年了，過去它被放在宗教信仰背景中，被看成是魔鬼附體。因此，患有癲癇症的人經常遭受雙重的磨難，先是疾病的折磨，然後是別人將他們看成被惡魔附體或者是瘋子。」

「在大腦中有兩股力量，*激發*和*抑制*。單個大腦細胞分泌一種化學物質稱為*遞質*，它能夠激發別的細胞使之放電，或者抑制別的細胞讓它不放電。當大腦停止工作，比如癱瘓或失去意識的時候，可能就是大腦缺乏激發或者過度抑制所致。在有些情況下，失去意識是一個活躍的過程，而不是負面過程。癲癇是腦細胞不正常活躍的狀態。如果這種不正常活躍是局部的，就會造成部分癲癇發作，如果分布在整個大腦，就會造成全面的癲癇發作。過分的活躍可能是讓你激發而做出某些動作，也可能是讓你抑制而失去意識。同步化是一個重要因素。通常細胞是獨立工作的，它們的獨立性是功能所必要的。如果有太多的同步性，細胞就不能做它們應該做的事。就像你彈鋼琴，每個手指做不同的事情來產生動聽的音樂。如果你用拳頭來彈琴，你就只會製造噪音：這就是癲癇症發作。」

「在圖 7.4 中，EEG 顯示一名部分癲癇症病人在右顳區域神經元不正常的同步化放電而造成尖銳上升。這些節律在癲癇發作開始時出現，逐漸擴散到右半腦的大部分區域，然後擴散到大腦另一側。一開始，病人有嘴部抽搐的症狀，還有一些奇怪的感覺。然後他的頭部就往左扭轉。當癲癇擴散到大腦的另一側，他會失去知覺

差不多整整一分鐘。在發作以後，大腦活動被抑制所以幾乎不再正常地發揮功能。這時雖然病人有咀嚼動作，但是他不再對外部刺激作出反應。圖 7.5 是兩個 PET 掃描圖。左側第一個掃描的兩個部分是病人沒有發病時，掃描顯示了右腦比平常低的糖代謝狀態，他的**癲癇**發作就從右腦開始。右側的兩個部分是在發作期間做的掃描。這是幾分鐘之內代謝活動的平均，包括在圖 7.4 中的**癲癇**發作和發作後的階段。糖代謝的增長以白色部分為最高，表明了發作開始的地方和發作初期在右半腦的擴散。大腦其他部分較低的活動顯示了發作過後大腦功能的降低。」

「還有一些例子是另外兩類失去意識的**癲癇**。抽搐的全面**癲癇**發作叫做*強直陣攣性癲癇*，病人在發作時身軀僵直並顫抖。這表明整個大腦的活動在增加。另一種類型是*癲癇小發作*，病人只是非常短暫地失去意識。在這種情況下，EEG 看上去非常不同，因為這種**癲癇**大多是抑制性的而不是激發性的。它只持續幾秒鐘，EEG 在此期間顯示高伏特、尖銳而緩慢的波動。PET 掃描仍然顯示這些**癲癇**小發作極大地增加了糖消耗，表明這種抑制是一個活躍的過程。（圖 7.4 和圖 7.5）」

「在這些意識改變的狀態下，如果**癲癇**發作是發生在視覺系統，病人會看到一些景象，如果發生在聽覺系統，他們會聽到聲音。病人會做奇怪的動作，如顫抖或游蕩。在古時候他會被人看成非常

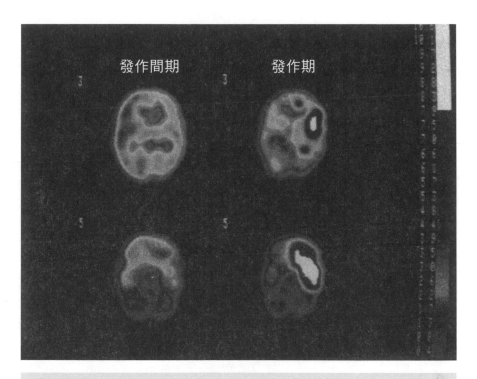

【圖 7.5】同一癲癇發作期間大腦葡萄糖獲取的 PET 圖像。（經 Engel 等許可引用，Neurogy 33：1983 年：400）

古怪。在不同的文化中，人們看待癲癇發作很不相同。[6]早期基督教相信他們是被魔鬼掌控了，就把他們綁在火刑柱上燒死。有些宗教則認為這種人是被某些好的神靈附體了。早期希臘人認為癲癇是一種福份，稱之為「聖病」。現在人們相信，有些偉大的基督教聖徒，如聖女貞德，看到了超凡的神蹟其實是癲癇發作。現代有些人

6　譯注：J. Engel, Jr., *Seizures and Epilepsy* (Philadelphia: F. A. Davis, 1989), 536.

認為穆罕默德在他的寫作中承認了他是癲癇症患者。」

癲癇與西藏醫學

恩格爾大夫繼續說，「我很好奇，想知道西藏文化是怎麼看待癲癇的。很多年前我遇見了 Dolma 醫生，她告訴我在藏人中癲癇不像在西方那樣被看成是一個嚴重問題。我知道您的醫生今天也在場，我想聽他說說，在藏人中是否有很多癲癇病人，你們有什麼辦法來醫治癲癇，你們認為那是一種自然疾病還是相信那是某種精神性的東西。」

我很高興地注意到，作為專家，恩格爾大夫不會放過任何一個機會來探討專業問題。尊者轉向丹增曲扎（Tenzin Choedrak）大夫，他是尊者的私人醫生，是西藏醫學界備受尊崇的一位大夫。他行醫多年，後來被關押在中國監獄裡很多年，出獄後來到了印度。他不僅醫術高超，我特別被他熱心簡樸的人格所感動。他通過翻譯非常安詳地回答說：「西藏醫學文獻中雖然沒有對癲癇及其治療做過廣泛的討論，但是提到了癲癇。其中包括對癲癇症狀的描述，並且解釋了導致這種痙攣的身體功能失效。他們講到了三種主要的癲癇類型，涉及通過檢查脈搏而發現的不同代謝水平。」

「有一種癲癇發作跟『心臟失調』有關，會有非常激烈的脈搏，這種情況完全沒有醫治辦法。那是無法治癒的。第二種癲癇類

型和『冷失調』相關，表現為脈搏微弱，這是可以醫治的。有一種癲癇痙攣被視為來源於大腦，文獻中解釋了兩種主要原因。一種是由於大腦中的腫脹，第二種是外部的影響。比如肉眼看不到的微小組織。這些是引起痙攣的兩大原因。第三種癲癇類型是通過測脈而確定的：當你正常地輕按脈搏，你可以感覺到脈息，然而當你稍微加重一點按，你反而感覺不到脈息了。這叫做『空脈』，因為它像一個氣球一樣是空的：你按著它而它突然消失了。」他稍停頓後又說：「如果不從整體上瞭解西藏醫學系統，就很難對此得出有條理的理解。」

達賴喇嘛給出了連接西方醫學和西藏醫學的橋梁：「就我的經歷而言，西藏醫生可以不用複雜的儀器而進行相當精確的診斷。以我為例，我進過加爾各答和新德里的醫院，他們那裡使用巨大的機器，但是他們仍然無法診斷出來。我們的醫生沒有任何儀器，觸腕診脈，查看病人，然後就相當精準地知道什麼地方出了毛病。這整個系統是相當了不起的。」

「這裡是有關西藏醫學的一般性理論：人的生理涉及三種體液——氣、膽汁和黏液汁。這三種體液的波動和不平衡是怎麼產生的呢？這三種體液的波動分別來自於『三毒』，即三種基本的心理性波動：執念、憤怒和無明。這三種心理性因素導致三種體液的波動。另外在有些文獻中說到，肉的失調和無明相關，骨的失調和憤怒相關，血的失調和執念相關。總的說來，身體的病症和這三種體液的失衡相關，而它們失衡的原因是三種心理性因素。」

「在藏傳佛教醫學系統裡也說到外部因素也會造成某種生理不平衡。這些因素包括非人類的生靈，如天人⁷（天上的生靈）、那伽⁸（地下的生靈），以及其他一些生物。這是一些生活在這個行星上的生靈，它們可能傷害人類，就像西方人說的靈魂附體。雖然它們可能傷害人類，但它們不是生病的主要原因。它們只是催化了體液的不平衡。」

「西藏醫學有很多診斷方法。例如，有根據脈搏的診斷，有觀察尿液的診斷。這些都是非常複雜、非常微妙的技術。還需要檢查病症的症狀，包括如檢查夢。在診斷以後，醫生給藥。如果過了一段時間，單靠藥物沒有效果，那麼就會採用附加的方法，包括宗教儀式。這不是一般性的宗教儀式，而是和特定病症有關的專門儀式。例如，如果醫生相信天人是病人得病的一個因素，那就有專門的儀式來抵消天人的影響。有時候病人在用藥以後很長日子都沒有好轉，可是在舉行了這樣的儀式以後，藥物就開始起作用了。」

彼得問道：「醫學實踐的目的是不是不惜一切代價治癒病人，還是有這樣的時刻，認為這時病人到了死的時候了，治療應該停止了？」這個問題將把我們重新帶回到有關死亡和死亡倫理的議題上。

7　譯注：Deva，梵文中意為「天」，原是印度神話體系中天上的神明，即天人或天神。

8　譯注：Naga，原印度神話中的蛇神，後引入佛教，在漢傳佛教中常譯為龍。

在跟曲扎大夫簡短討論後，尊者做出了答覆。「在藏傳佛教醫學傳統中，對醫生有若干道德訓誡，其中有一條訓誡說，醫生有義務使用不管什麼能得到的手段來醫治病人。不論什麼時候，只要醫生相信他們的藥有可能有用，他們就不能拒絕使用這些藥物而讓病人死亡。如果這樣做了就是違反了訓誡。現在，當然，醫藥是否在所有情況下都有效是一個問題，但是醫生確實是有個誓言，或者說訓誡，要盡一切可能治療病人。」

西藏傳統中死亡的表徵

彼得再次追問：「如果病人失去了意識而且很明顯地再也不會重新獲得意識，那該怎麼辦？」

「單單根據脈息診斷，有可能相當清楚地看到死亡到來的預兆。事實上，有多種方法來檢查死亡的預兆。例如，如果是高明的醫生，他可以仔細地檢查呼吸，即使那個人看上去相當健康，醫生甚至能夠看出幾年後才會到來的死亡預兆。不同種類的脈息可以顯示出相對遙遠的死亡、中期到來的死亡，或者即將到來的死亡。在第三種情況下，當死亡臨近而醫生知道已經沒有希望，他不會鼓勵病人用藥來盡量提升病人的精神。相反，醫生會鼓勵病人吃無論什麼想吃的東西。如果本來對飲食是有限制的，現在就不再限制，也不再用藥。這是因為醫生承認沒有什麼能做的了。」

　　彼得神色驚奇地問道：「這樣的診斷會出錯嗎？」尊者立即回答：「完全可能。」

　　這時亞當・恩格爾插話說：「有一些故事說，有些高深的修行者，他們會宣布自己將在某個時辰死去，結果他們真的在那時死了。這裡有這樣一個概念，你可以認識到你此生來到世間的使命已經完成，離開的時刻到了。如果這是真實的事，那麼到了什麼時候就是我們所說的選擇『拔掉插頭』的時候？在加州有一個女士，她不是腦死，但是她的身體處於如此差的狀態，她想死。她必須依靠人工餵養和維持，而醫生不能終止這一切。她控告加州政府，要求死去。這是一個令人悲哀的情況，但是醫生對此無能為力。所以，問題是，按照佛教的觀點，什麼時候可以終止生命？」

　　達賴喇嘛回答說，「總的原則是，你需要考慮怎麼做是最有益的。當事人的願望是非常重要的。然後還有家人的願望。代價也是應該予以考慮的。在有些情況下，病人不再有繼續下去的願望，或者根本沒有了感覺。人本身是最寶貴的。如果大腦不再有功能，如果在付出極大代價後只有身體活著，假設病人確實完全沒有希望康復，那麼把錢花在其他目的上也許更有意義。有一些病例中，即使病人已經沒有希望康復，家人也願意花錢，那麼這時當然是他們的選擇。我想，從佛教的觀點來看，如果人的大腦還能用來思想，能夠行動，或者能增加某種正面的有用的動機例如慈悲心等等，那麼這樣活著仍然是好的。你也可能有這樣的情況，某人的大腦可能仍然是活躍的，但不再產生任何東西，而也有其他人願意利用這樣的

機會來促進其有益的態度，比如培養慈悲心。還有一種情況是，大腦是非常活躍的，但是整個大腦是用來感受壓抑、焦慮或擔憂自己不能行動，不能運用身體等等。這會是非常困難的情況，因為這時大腦是被用來加深自身的痛苦。」

死亡的階段

我非常急切地想深入瞭解死亡的階段，於是我利用亞當的問題做跳板。「在高深的修行者決定自己什麼時候死去的例子裡，有時候他們可以停留在一種狀態裡，大腦死了但是身體在一段時間裡還活著。我們見證過一些人死了很多天身體卻不腐敗。對此您是怎麼看的？死亡在什麼時刻發生的？」

「我們說這樣的人是在瀕臨死亡的狀態，但是還沒有進入死亡。」

這正是我想要探討的問題，彼得此時補充道：「死亡的定義在佛教中和在西方醫學中似乎很不相同。以前我遇見過一位西藏觀想修行人叫喇嘛益西，[9]他在加州的一所西方醫院裡去世。醫生說他已經死了，但是他的朋友們說他沒死，並要求不要去動他。他就在

9　譯注：土登益西（1935-1984），藏傳佛教格魯派僧侶，1959 年逃離西藏至尼泊爾，為高班寺（Kopan Monastery）和捍衛大乘傳統聯合會的創辦人，藏傳佛教傳往西方的先驅。1984 年病逝於美國洛杉磯。

那裡又過了三天，沒有腐壞的跡象，或許是處於死亡的明光之中。最後他們才說他死了，可以移動他的身體了。在這整個過程中，沒有發現西方醫學能夠探測到的生命跡象：那麼佛教醫學在臨床上怎樣確定一個人是死了還是沒死呢？」

尊者再次轉向他的醫生討論。「這兒有一個相當簡單的標準：你檢查身體是否正在腐壞。如果身體沒有腐壞，那麼就留在那裡別動。但是，我問曲扎醫生在醫學文獻中是否提到怎樣維持死亡經驗的明光，醫生的回答是沒有。」他略思索後繼續說。

「我來講一下根據佛教密宗的說法。死亡過程和最終的死亡是怎樣的。這是在這些文獻中詳細闡述了的，但還有待運用科學手段來探究。這個討論集中在心臟的能量中心，其中據稱有一種非常細微的白色元素和一種紅色元素（梵文 bindu）。在死亡過程中，白色元素從頭部下沉，通過中脈，最後在心臟中心停下。從心臟下面，一種非常細微的紅色元素往上升起。當非常細微的白色元素降到心臟，人會體驗到一種微弱的光。隨後，紅色元素上升到心臟，這時會體驗到一種淡淡的紅色光澤朝上升起。當這兩者完全融合，就像兩隻碗扣到一起，會有一段時間漆黑一片，就像你完全失去了意識一樣。在這熄滅了的階段之後，就是死亡明光出現的階段。」

「死亡明光是一種人人都要體驗，無一例外的經歷，但就明光的經歷持續多長時間而言卻有種種差別。對有些人可能只持續幾秒鐘，對另一些人持續幾分鐘，對某些人持續幾天甚至幾星期。只要

死亡的明光經歷還在持續，那麼細微能量─心識和粗糙物理身體之間的聯繫就還沒有切斷。它是在切斷的過程中但還沒有完全切斷。就在切斷發生的瞬間，身體就開始腐壞了，這個瞬間就是我們所說的死亡發生了。我們能夠完全確信死亡發生的外部跡象是紅色和白色元素從鼻孔中冒出。可以看到紅色和白色的痕跡，也可以看到生殖器出現同樣的痕跡。這對男人和女人都是一樣。」

心識的粗糙層面和細微層面

我繼續提出疑問：「尊者，這樣的敘述對於西方神經科學家來說有很大的問題，因為它有二元論的寓意。最著名的是笛卡爾的說法，他說靈魂和身體是在腦部松果體的某個點上發生互動的。這個問題從一開始就在困擾著西方科學家。如果一樣東西附著於另一樣東西，那說明這兩樣東西是不同的性質。這個問題就叫做*二元性問題*。如果心智和身體不同，那麼兩者就永遠不可能相遇。作為科學家，我們不喜歡這種情況，因為永遠找不到一種方式，使得某個水平的現象，即心智現象，能夠進入生物學和生理學現象。所以，有些詞語，比方說*切斷*，常常讓我們感覺有點兒不舒服。您是不是能夠再詳細一點地解釋，切斷，或者相反的恢復意識過程，怎樣可以避免二元論？在切斷或恢復意識的過程中，是否有一種因果聯繫？如果有，這種聯繫的本質是什麼？」尊者對這個問題給出的答覆是如此精密和精彩，讀者應當多花一點時間來細細領會。它包含的這

種心智與身體觀點，既不是唯物主義的，也不是陳舊的二元論。此外，他觸及了佛教觀想經驗超出知性描述的核心。在這樣的時刻，我覺得我們精心安排的這些對話所給出的成果肯定是不同尋常的。請聽好。沒有比這更精彩的了！

「我們來溫習一下，當你說到意識的粗糙層面時，顯然佛教和科學之間有所匯合。佛教徒會同意，粗糙層面的意識是以身體為條件存在的，當大腦停止功能時，這些粗糙層面的意識就無法產生。一個簡單的例子是，如果視力的物理基礎缺失，沒有大腦的視覺皮層，沒有視網膜，沒有光敏神經等等，你就不會有視力。在這個層面上，事情很直截了當。」

「我們同意這種意識是依賴於大腦而產生的。這是一個因果關係，但仍然可以提出這樣的問題：這一因果關係的本質是什麼？大腦功能是不是精神過程的近取因，還是它只給出了配合性的條件？我從沒有在佛教經典裡看到對這問題的明確討論，但可以合理推測大腦功能為精神過程的產生提供了配合性的條件。但什麼是意識的突出性質，即它的清晰性和認知力的根本原因呢？顯宗系統似乎是認為，清晰性和認知力是從先前心識之續流的潛伏習性而產生的。而根據密宗的說法，就像我們在此前說過的，根本原因是來自於非常細微的心識，或原初心識。但是我理解你問題的核心是：是什麼東西提供了非常細微心識與粗分之身或粗糙心識的連接？這裡我們說的是『具有五色光輝的非常細微的能量』。這就暗示著，這非常細微的能量具有五種元素的終極潛力，這五種元素是：土、水、火、

氣和空。從這一能量裡先產生了五種內元素，然後從中產生了五種外元素。」

「有一些純精神性的佛教學派，主要是瑜伽行唯識學派，否認外部世界的存在。這一學派的支持者主張基礎意識的一個理由，是因為他們否定外部世界。他們需要這個基礎意識作為以主觀與客觀二元形式顯示的習氣的儲存處。根據這一觀點，你不需要一個外部世界，因為所有一切都是從這一個來源產生的，而這個來源本質上是精神性的。」

「我們現在來看中觀應成派的觀點，我們認為它是佛教哲學系統最精深的一派。這學派主張存在著外部世界，包括感覺的對象。這個世界是怎麼產生的呢？什麼是這個外部世界即物理環境的起源？這起源可追溯到空粒子。這個起源並不是所有時間的起始點，因為佛教沒有時間起始點的概念，只有在宇宙循環中的起始點。簡言之，你可以把整個顯現的宇宙追溯到空粒子。這不是在談論宇宙的終極起源；但這是某個宇宙的演化之起點。然後你也可以問在此之前發生了什麼。自然世界的整個演化是從空粒子產生的，這一演化不管意識是否存在，無論有情眾生的業報，它總是要發生的。」

「這個宇宙裡居住著有情眾生，這些有情眾生經歷著種種狀況和種種環境，導致它們的傷害或快樂。在有情眾生的業和自然環境之間有一種互動關係。業改變或影響了物理環境的本質，乃至於居住在這個物理環境裡會體驗到快樂或痛苦。就在這個意義上，我們

會說到好運、壞運等等。有益的或無益的業之來源是什麼？這要追溯到精神性過程，更精確地說，追溯到人的動機。有益的或無益的動機，是決定人的行動或人的業是有益或無益的最有影響的因素。只要你關心自己的動機，你就進入了心識的範圍。而心識是跟非常細微的能量密切相連的，這種能量有五色光輝。這種能量帶有五種元素的潛力，從五種內部元素展開出來五種外部元素。於是，業就有可能以這種非常細微的能量作為它的工具，通過外部和內部元素顯示出來。所以，在心識和物理元素之間有雙向的互動關係。」

我們都被尊者的一席話所懾服。我對尊者所述的豐富內容勉強記住了一點，並請他進一步闡明：「據此推論，是不是說我的知覺不是隱藏著的，而是嵌入或滲入在依賴於大腦的粗糙心識之中，它們必須是互相穿透的？」

「正是這樣。這不是說你有兩套不同的意識連續體，一套是非常細微的，另一套是粗糙的。而是說，粗分之識從非常細微意識中產生，它的效用是從非常細微意識而來。這不是分開的東西。」

「例如，當我們看一樣東西，聽到聲音，這時就發生了大量非常複雜的大腦活動。尊者，您是不是認為，從一個外部情景，我們或許能看到的不僅是粗糙層面的意識，也能看到細微層面的意識？」

他沉吟了一會，說道：「用科學手段是很難確定的。一個非常高深的觀想修行人，如果已經獲得非常細微心識的直接體驗的話，

他不需要外部科學證明來確信非常細微意識的存在。但是沒有這樣的經驗，非常細微意識的存在就得不到證實。這可以和大乘佛教經典中提到的*不可逆轉性*的某些跡象相比較。這是精神修行過程中的一個特殊階段。當你達到這個階段，你就再也不能往回逆轉，只能繼續往前。於是問題來了：我們怎麼決定一個人擁有了這個階段的跡象？對於不可逆轉性是否能被完全確定，這個問題有兩個互相衝突的觀點。即使是那些認為它可以確定的人也承認，這種證明不是用推理得出的，而是以一種類比的方式來證明。他們給出的例子是，你可以說，那裡有一座房子，上面站著一隻黑色烏鴉。你用這隻烏鴉來作為為一個記號來表明這棟特定房子的身分。這是間接的證據，它和這房子的本質其實沒有任何關係。儘管如此，它幫助你去識別這座特定的房子。表明不可逆轉性階段的跡象也是用類似的方式來理解。

「為了決定內在深處的細微明光是否存在，我們可以用下面的方式來展開。當我們觀察心識時，我們從經驗知道有三種對情景或事件做出反應的基本方式。一種是排斥，一種是執念，還有一種是無動於衷的狀態。在這三種狀態中，排斥據認為需要最強的能量，執念其次，無動於衷需要的能量最少。」

他轉向我問道：「在 EEG 觀測中，你是否注意到，一個人在體驗強烈的憤怒時，跟體驗強烈執念或強烈願望時相比，有什麼樣的不同？有沒有定量的區別？」

　　「尊者，EEG 是一種非常粗糙的測量。如果我們進行更為細緻的計算和數據分析，有些模式事實上是能夠探測到的。特別是，在強烈的情緒和測量紀錄之間有某些可靠的關係。到現在為止，這仍是一個十分開放的領域，但原則上這不是一個問題。技術上是困難的，但是結合 EEG、磁場紀錄（MEG）、新的大腦呈現技術 PET 以及磁共振成像（FMRI），前景十分樂觀。」

　　尊者繼續說，「這關係到我所講的觀點，排斥、執念和淡然所要求的能量不同。在龍樹菩薩的著作中說到，有八十種行蘊（梵文 *samskara*[10]）的方式，這些方式表明了不同的能量活動水平，與此相連的是不同的情緒和思想狀態。它們按照能量活動水平分成三組：最高、中等和最低。第一組有三十三個，第二組四十個，第三組七個概念化種類。」

　　「我們是根據什麼而假設明光的存在？我們至少需要給出一個可見的實例。這八十種概念化類型是各種情緒和認知狀態，它們是心識的元素。據稱當呼吸停止的時刻，這八十種心識狀態也停止了。這也會發生在大腦功能停止時。根據這個系統的說法，有三個基本狀態，從中產生三個概念化分支，這三個狀態叫做*顯現、顯現的增長和消失*。」

　　「有一種理論是，這三種狀態本身必須在明光狀態，即意識的

---

10 譯注：中譯為「行」，或「行蘊」。

最深層細微狀態的基礎上產生。如果你仔細研究這套理論的經典，如果你研究那些觀點，它們確實給出了經驗證實或者認知推導證實，你可能會對這種種狀態持有信心，而不再需要這樣的證實。你有兩個選擇，要麼否定它們，要麼因為沒有任何矛盾的證據而接受它們。」

「為了瞭解這一研究方法，我們必須理解佛教將現象劃分為三個層面：（1）*現前分*[11]，我們通過直接觀察而得知的現象；（2）*隱蔽分*[12]，我們通過推理而得知的現象；（3）*極隱蔽分*[13]，我們只能通過第三者的證詞來瞭解到的現象。在一個知識系統中，如果你已經通過自己的探究而獲得了高度的信心，那麼就可以在這個系統中根據他人的證詞而獲得知識。如果你通過自己的努力而得到了信心，那麼在這個系統中你可以說你根據他人的話而做出合理推理。這跟簡單地接受別人的話是很不一樣的。」

我堅持說，「但是基本的框架是我們要避免兩個極端。二元論的極端觀點會說明光和粗分之識是完全分開的。另一個極端會說明光和粗分之識是完全混合在一起的。這裡的中間立場似乎是說，明光來自於連續的顯現階段，其中最深層的東西是隱藏得很深的。」

尊者立即回答說，「並不是這樣說的。這不是一個現象產生

11　譯注：直譯為有證據的現象。

12　譯注：直譯為遙遠的或難解的現象。

13　譯注：直譯為極其遙遠和難解的現象。

了另一個不同現象的簡單因果關係。首先,非常細微心識和粗糙心
識是同樣的本質,不是不同本質的。這個話題在大圓滿經典中好像
說得最清楚。最深明光和粗分之識之間的關係不是簡單的二元,而
是處理得非常微妙。我昨天提到過,死亡時顯現出的死亡明光,也
叫做*自然清新知覺*(藏文 *rig pa*)。但是,即使是粗分之識顯現時,
仍然有可能顯現清新知覺,但現在給了另外一個名字。昨天我提到
過,它叫做*輝煌的清新知覺*,或者稱為*涉及基本表像的清新知覺*。
它和粗分之識同時顯現,所以並不是說只要粗分之識在表現,清新
知覺就完全被抑制,事實上,人可以經歷輝煌的清新知覺而仍有粗
分之識,這說明前者更有滲透力,而不是單純為粗分之識的原因。」

　　他說完,帶著一點驚異地沉思了片刻。很明顯,他對大圓滿學
派觀想修行傳統極為欣賞。「我問過一些正在修行這種清新知覺的
大圓滿修行者,詢問他們的體驗。特別是,我最近遇到一位二十五
歲的修行人,他有非常清晰的清新知覺。不久前他回到西藏,到了
壤塘(Dzamthang)地區。我問了他有關明光的體驗,尤其是清醒意
識時候的體驗。這位觀想者說,就在他清醒時,他能夠確信體驗到
清新知覺本身。總的說來,我們說知覺的本質就是包含清晰性和認
知。當一個人體驗到清新知覺的時候,他確信那些就是清晰性和認
知本身的各個側面,跟對具體對象的清晰性與認知是不一樣的。」

　　「這是對大圓滿有著出色體驗的人告訴我的。通過這樣的體
驗,你也得到了更多有關明光的體驗。雖然你沒有死亡明光的體
驗,但是隨著這樣的修練,你會越來越深地接觸明光的體驗。」

粗糙的和細微的性交

作為神經科學家，我仍然忍不住要堅持說：「既然無法從直接證據得到證明，我們就永遠不可能用粗糙的科學測量，來證明一個活人存在清新知覺。」

「如果你對那些能夠保持觀想狀態的人做某種研究的話，你會發現一些很有意思的現象，原則上這是有可能的。我們必須將此跟初級清新知覺相區別開。我並不覺得你能發現科學證據來證明初級清新知覺的存在，但這不是我們現在在這裡談到的。現在我們談的是輝煌的清新知覺，它的存在完全有可能可以被科學研究手段觀察到。」

「例如，兩個普通人在一般性交的時候，他們的再生液體流動跟高深的男女瑜伽師性交時是很不一樣的。雖然這裡有一般性的差別，從再生液體開始往下流動達到某個點的時候，應該有某種相似性。一般的性交跟高深密宗修行人之間的性交，再生液體都流動到生殖器部位。因為如此，就有可能做出研究來瞭解普通性交過程中發生了什麼。」

「原則上來說，這兩種性活動的一般區別是控制再生液體的流動。密宗修行者必須能控制這種液體的流動，那些特別高深的修行人甚至能逆轉流動的方向，甚至在到達生殖器頂端時仍然可以做到。修行較淺的人只能從較高的地方就逆轉方向。如果液體下降得

太遠，他們就較難控制了。」

「有一個訓練方法可以用來作為測量某人控制水平的標準，這是將一根麥管插入生殖器。在修練時，瑜伽師先是通過麥管吸水，然後是吸牛奶。這樣能鍛鍊性交時逆轉液體流動方向的能力。那些修行高深的人不僅能從相當低的位置逆轉流動方向，而且能夠將液體吸回到頭頂[14]，液體最初是從頭頂開始向下流動的。」

「吸回到頭頂的白色元素實際上是什麼呢？根據西方醫學，精子產生於睪丸，精液產生於前列腺。根據西藏醫學，精液來自於精囊（藏文 *bsamse'u*）。在精囊裡產生了什麼？是精液、精子，還是別的什麼？丹增曲扎（Tenzin Choedrak）大夫認為，這些粗糙的物質都不是。實際上是一種非常細微的物質被吸到了頭冠，而不是精子或精液這樣的粗糙液體。」

「人們也許會問，那種細微物質是怎樣到達頭頂的？通過什麼渠道或者由什麼運載的？有三條脈道：中脈、右脈和左脈。在中脈有六個中心，每個中心都有結節需要解開。只有修行到非常高深的狀態，能把各個中心的所有這些結節都打開。否則白色元素就通不過。在白色元素通過時，必須有一條穿過這些中心的暢通通道。對於還沒有達到最高狀態的高級瑜伽師，白色元素是通過左脈和右脈而上升到頭頂的。當瑜伽師達到修行的最高狀態，白色元素就通過

---

14 譯注：七個脈輪中的頂輪，位於頭頂。

中脈到達頭頂。一旦你解開了結節，它們就保持這樣。」

「對婦女而言，六個中心和男子一樣。據認為，婦女以紅色元素為主體，但她們也有白色元素。婦女也有白色元素這一事實也證明了白色元素不是精液或精子。我曾跟一些印度瑜伽師有過交談，他們在生命瑜伽（*prāṇa yoga*）以及脈輪及能量方面有精深的經驗。他們中有些人據說見證了婦女也有白色元素，雖然紅色元素更強盛。所以，對於前述修行密宗的婦女來說，白色元素的下降和再次返回同男人是完全一樣的。在密宗文獻裡，討論了四個類型的婦女，或四種配偶（梵文 *mudrā*）。這四種類型是蓮花型、鹿型、海螺殼型和大象型。」尊者知道這個話題引起了滿屋的笑意，於是開玩笑說：「如果這個分類是在西藏提出而不是印度提出來的，他們就會稱其為氂牛型。」我們聽了都開懷大笑起來。「這些區分主要和生殖器的形狀有關，但它們也涉及身體構成的不同。對男人就沒有這樣的分類。」

「你看，這是微妙的。到了瀕臨死亡的時候，這一過程非常難以探究。」

意識的轉移

「對於修行非常高強的人來說，意識轉移的證據是很清楚的。我們可以從『破瓦法』（*powa*）的修行，或說意識轉移的修練中學

到的一件事，就是意識對人體的作用。如果你在這方面的修練非常精深，當你修破瓦法時，你的身體會跌倒，雖然你處於非常健康的狀態。在進行這樣的精神修練時，有時候頭頂會腫起來，有液體流出。因為如此，傳統上認為，修練破瓦法後應該修練長壽法。曾有過一些例子，藏傳佛教修行者被中國人關進監獄時進行這種修練。」

彼得問道：「在我看來，破瓦法應該是一個很好的修練方法，使得我們可以進行您談到的那種研究，因為修練此法時有細微意識的物理顯現。這樣的研究不存在您曾說過的研究正在經歷死亡過程人的困難，因為破瓦法可以提供一個這樣的研究機會，而不會干預高深修行者的死亡過程。為此，您能不能簡單地給我們這些不瞭解的人描述一下破瓦法？」

「用觀想的方法來切斷細微意識和粗分之身之間的聯繫，而不損害這個身體。如果在出現任何死亡預兆前，沒有任何正當理由就去修練破瓦法，會有無意中自殺的危險。可是，如果發現了死亡接近的預兆，儘管還處於很好的健康狀態，這些跡象可能出現在死亡前三個或四個月，這時就可以修練破瓦法，提早三或四個月結束生命，否則的話，有可能會因為生病而使得身體惡化，很難繼續觀想修行而以適當的方式離開此生。」

「當修行人運用意識轉移的技術，即破瓦法，來切斷粗分之身與非常細微心識之間的聯繫，這實際上就是一個死亡經歷。雖然可

能沒有以延長的方式走完各個階段，但修行者確實逐個地以適當的順序走過了各個階段，以實際死亡經歷而結束。」

「還有一種修行法叫做趨舍法（*drongjuk*，藏文 *grong jug*），在修行此法時，修行者把意識連續體送進另一個完整身體裡。這另一個身體不是一個活著的身體，修行者並沒有把別人的意識推出去，也沒有殺死任何人。相反，是把自己的意識注入一個新鮮的屍體。這相當於一個身體或大腦移植：這第二個身體變成了第一個人。據說，施行了這一修練法的人可以具備他們以前學過的所有技能。他們沒有死亡經歷，因為他們沒有經歷解體的所有八個階段。」

「但是請記住，佛教認為自殺不是正確的事情。就像我在前面提到過的，只有當人看到死亡預兆的時候才應該修練破瓦法。不到時候就修練破瓦法等於自殺。在適當的修練時刻，修行者必須確定自己將會很快死亡，然後加速這個過程，讓自己在還健壯的時候死去，這是可接受的做法。」

細微心識的實驗機會

這個話題太深奧了，大家都沉浸在佛教關於細微心識與粗糙心識的思想同神經科學工具與方法之間是否存在可能橋梁的問題中。注意到結束的時間很快就要到了，我想做個總結：「在確認細微層面意識的所有條件中，大圓滿修行者所描述的睡眠明光和基礎純粹

知覺，似乎最直接地為西方醫學科學提供研究對象。」

　　尊者表示同意：「你們也可以對修練破瓦法的人進行研究。事實上現在沒有人修練將意識轉移進一個屍體的法門。這個傳統正在消失。」

　　彼得插進來追問道：「但是您是不是期望處於那種狀態的身體會有類似於死亡明光的物理性質？」

　　尊者補充說：「第四種研究可能性是測量修練寶瓶氣[15]的人。修練寶瓶氣的修行人在修到最低水平後據說可以屏住呼吸兩分鐘。更精深的修行人可以達到四分鐘或五分鐘，甚至八、九分鐘。此時或許還有心跳。根據醫學科學，是不是有可能屏住呼吸這麼長的時間？有經驗的日本潛水者和其他人能在水下待幾分鐘不呼吸？」在場兩位醫生的回答是一樣的：大概五分鐘。尊者堅持問：「那麼根據醫學科學，是不是有可能九分鐘或十分鐘不呼吸？」

　　彼得回答說：「有可能，那得降低你的代謝速率。你可以冷卻身體來降低代謝，不過修行人可能有其他方法來降低代謝率同時保護大腦不會缺氧。我想 PET 掃描或許能回答這些問題，不過這需要將顯示劑注射入血管。這些修行人能讓我們這樣做嗎？」

　　「這要看各人的想法了。他們或許不喜歡在他們觀想時這樣

15　譯注：Vase breathing，也翻譯為「持瓶風」。

做。這樣做可能造成某種干擾，但是很可能這取決於修行人的經驗水平。如果他們有真正高深而穩定的經驗，我想這樣造成的干擾應該就比較小。」

彼得表達了我們大家的共同感受，說這樣的實驗將是非常有意義的。尊者對現代科學懷著開放的心態，他說：「我會找找願意這樣做的人。我們的任務是找到對象。你們科學家可以找出一些匪夷所思的機器，而我們先得找到一個死人。」我們都忍不住大笑起來。「在 60 年代我見了一位科學家，他是我的好朋友，我們也說起這些現象。他告訴我，他願意去做一些這類的研究，但是我告訴他，他要一起研究的觀想修行者還沒出生呢！過去這二十年，出現一些有修行經驗的人，但仍然很難找到他們，因為他們分散在不同地方。在拉達克，有一些真正信仰很深的佛教修行人，但他們是完全獨立的。沒人能強迫他們做什麼。有些人很固執。不管怎麼說，如果視野更廣一些，我相信這是一件非常重要的事情。」

「我們已經討論了一個主要話題，科學和佛教可以就此對話，這就是大乘佛教的立場，鼓勵每個人都有開放的心智。這包括對大乘佛教的教導本身取開放的態度。你們自己必須有一種積極的投入和探究過程，而不只是興趣缺缺的懷疑，那樣你們就不會對這個議題很認真。佛陀說過，他的話不應該只是因為是他說的就接受，而是應該對他的話加以考察，就像金匠對他要買的金子加以檢驗一樣。所以這是我們的立場：研究，更多的研究，更多的討論。」他發出輕快的笑聲。這恰是對今天精彩討論的最佳結束語。

第八章
瀕死經驗

死亡是過渡禮

　　按照傳統的專業分類，哈利法克斯是一位文化人類學家。她的專業生涯開始於跨文化人類學，然後轉向醫學，再後轉向醫療人類學。現在她主要以文化生態學家為人所知。她的生活總是在變化中，每個專業都非常出色。當她在尊者身邊坐下來的時候，她的藍眼睛顯示出慣常的專注。

　　「我們今天要探討的是所謂的瀕死經驗。有一些人在經歷了臨床死亡後、經過搶救而活過來，或者自己活了過來，然後講述了他們的經歷。」

　　「他們講述的故事模式相當有意思。在人類學中，我們認識到，在所有文化中，由事件構成的故事，是人類將宇宙觀和有關自身本質的見解編織進社會結構的一種方式。如果我們跨文化地看待這些敘述，就會發現有關死亡的經歷和死亡後隨即出現的經驗是極為普遍的。例如，在西方文化中，它出現在中世紀的瀕死經驗敘述

中；在東方，諸如度亡經（*Bardo Thodol*），非常完備地敘述了死亡的經歷。而在我們當代世界的各個部落社會中都有這樣的故事。死亡不僅是用故事敘述，而且表現在文化中。有很多典禮和儀式來引導死亡與再生的經驗。」

「這些儀式，一般稱為『*過渡禮*』，不僅是在一個人的生平階段性地發生，而且發生在地理轉移的情況下，例如走向流亡。換言之，過渡禮是相對於舊的生存方式之死亡，再生為一種新的理解、新的生命方式的儀式。它可以是一種有關年齡的儀式，比如經過成人禮而變成成人。婦女分娩也是一種過渡禮。婚姻是一種過渡禮。逝者的家人也要經歷一種過渡禮。有些過渡禮跟成熟的經驗有關。在很多文化中，這些儀式不是人類經驗的膚淺事件。在部落社會裡，它們常常起著相當嚴肅的作用。例如，經歷成人禮的男孩可能要進入一個與世隔絕的階段，要面臨在身體上的切割。他們會被告知有關這些經歷的故事或者神話來源，為他們進入成人期做準備。也許會有一系列事件使得此人進入一種意識改變狀態，以往正常的理解被打亂甚至被摧毀。這樣的儀式甚至使人進入昏迷或類似瀕死經驗，最後帶著某種光明的經驗復活。」

「過渡禮不僅使人為生命做好準備，也使人為死亡做好準備。這些儀式本身在西方文化中並不存在。西方文化中這類儀式的缺失有十分明顯的後果，其結果是一種異化。死亡在西方文化中被壓抑，正如查爾斯在早先的會議中說過的那樣。可是，美國青少年在十八歲前或者從高中畢業的時候，平均從電視上見證了二萬多個凶

殺案。死亡不僅以一種對社會無益的現象出現，對死亡儀式的抑制也造成某種對死亡的迷戀，而且造成了將死亡經驗外化和異化，而不是藏人修行中有一種對死亡的接近和悲憫。」

探究死亡的邊緣

「在 60 年代的美國，越南戰爭和民權運動產生了將文化和社會生活方面受壓迫的人解放出來的深刻動力。這是一場社會和精神的革命，人們做了大量精神修行方面的實驗。到 60 年代末，死亡和瀕死經驗成為精神、心理學和哲學的探究領域。」

「我是 70 年代早期這波先鋒浪潮的一部分，那時我參與了國家精神衛生研究所主辦的一個項目。在這個項目中，一群精神病學家和社會科學家對將要死去的癌症病人，以及被極端疼痛、恐懼或抑鬱折磨的人使用了改變心智的物質。我們和那些被推薦到我們項目中的人交談，然後進入一種深度的心理互動，包括經他們同意在全方位的心理治療過程中使用精神藥物。」

「在全世界很多部落文化中，精神藥物和物質使用至今，因為這種物質能引發意識狀態的深刻改變。從 1950 年代起，這類物質先是在歐洲，然後是在美國被研究。那個項目使用了 LSD，[1] 這是

1　譯注：麥角酸二乙醯胺，一種人工合成的致幻劑盒精神興奮劑。

第一個人工合成的治療精神病物質。」

「作為人類學家，有些事情在我看來是很清楚的。首先，這個工作對於那些沒有為死亡做好準備的人似乎是一個有益的經歷，這是一個當代的過渡禮。第二，死亡本身涉及意識的轉變，很多心理學效應也能影響心理條件的轉換，或許不需要使用轉變心智的物質。」

「從那時起，我持續從事醫學人類學的實踐，這涉及與那些正在死去的人一同觀想。我教那些瀕死的人觀想，鼓勵他們不要迴避死亡過程中出現的心智轉變，而是建立強大的心理狀態，使得他們能以一定程度的鎮定來探究這些心智狀態。在過去六年裡，我跟那些因患愛滋病將死去的同性戀男子一同進行這項工作。這個群體特別有意思：這些人大多受過良好教育而且相當有靈性。他們把他們將要經歷的事看成是對他們兄弟的一種使命，他們的兄弟很多人也遭受著類似的痛苦。他們有這樣的動機，想在死亡過程中做好他們應該做的事。」

考古學中的死亡儀式

「如果我們轉向人類的起源，我們發現人類對待死亡的態度有長長紀錄。死者的身體和各種器物一起安葬，或者放置於某種特定位置。例如，中國一個洞窟中五十萬年前的安葬地，發現了切斷

的人頭骨。古人類學家的結論是，那裡要麼出現過食人儀式，要麼是膜拜人頭，將其作為意識的所在之處。在中東和近東的尼安德塔人中，六萬多年前的考古遺址出土了大量化石紀錄。在法國南部的 Le Moustier 有一個洞窟，發現了一個青少年男孩的骨骸，他的頭置於手臂上，擺出睡覺的姿勢。在他身邊有一把石斧和陪葬的食物。古人類學家推測，這個埋葬方式顯示了對後世生活的信念，或者相信在死後世界的旅程。我們也在六萬年前舊石器時代延續到現在的部落文化中看到類似的現象。」

「一個最有意思的埋葬地是在伊拉克的 Shanidaar。屍體放置在花床上，很多花有醫療的價值。人們相信這些花是可以帶到後世生活中去的部分資源。在三萬五千到一萬年前的克羅馬儂人時期，人被埋葬時要捆成或彎曲成嬰兒的姿勢，使得死亡和出生之間有緊密的聯繫。在一萬五千年前的舊石器晚期，主要是在法國的 Dordogne，我們發現了一些洞窟繪畫，它們表現的是圍繞著堪稱神聖的死亡儀式的行為和態度。最有意思的繪畫是在 Lascaux 的洞窟，畫上是一個男人呈現一種仰臥或躺著的姿勢。這男人似乎是死了，可是有一隻鳥的面具在他的頭上，他的生殖器是勃起的。在他的旁邊是一頭野牛，野牛被矛刺穿，腸子都掉了出來。這頭將要死去的野牛轉過頭似乎是在看著自己的腸子，也似乎是在注視著那個男人。我們相信在舊石器時代人們的心裡，生、死、性和人的神志之間有某種關係。看起來好像當代部落人群中做了幾百年的儀式，是在告訴我們一些東西。」

西方對死後生命的發現

「在西方文化中，中世紀有一個階段對死亡的探索特別活躍，大概是從西元 500 年到 15 世紀左右。各種各樣的人對瀕死經驗給出了大量的陳述，包括富人和窮人、教皇們、國王們，還有小孩們。這些證詞都指向對死後生命的確認。中世紀的這些證詞都有強化此生的良好行為以避免死後墮入地獄的作用。有意思的是，當代文化中對瀕死狀態進行研究的陳述中，地獄已不再是一個普遍的話題。」

「在 1800 年代末，死亡重新成為引起巨大興趣的題目。有一個名叫 Albert Heim 的人，是一位地理學家，也是瑞士登山家。他有一次從山上跌落，有了極神祕的經驗。從此他對經歷事故而倖存的人產生了深刻興趣，開始從他們那裡收集瀕死經驗的陳述。這些故事來自那些並不特別傾向靈性信仰卻從事故中得到了靈性體驗的人。」

「也是在 1800 年代後期，招魂術產生了。招魂術是一種能夠看到並和死者的魂靈交流的能力。在 1900 年代，招魂術流布甚廣，從中浮現出一個新的研究領域，探索超自然或通靈現象。有一些關於人類的人性及其在身體死亡後生存的書籍出版了。這個階段的重要研究者是 F. W. H. Myers、James Hyslop 以及 William Barrett。在 1918 年，有一個研究者提議對瀕死者進行普查，以支持招魂術士的說法。」

「到 1950 年代，這一類通靈術和招魂術變得不那麼時髦，出現了一個現在叫做心理玄學，或超常意識狀態的研究領域。1950 年代後期，研究者 Carlos Osis 開始收集醫生和護士的瀕死經驗陳述。因為比較宗教學是當時的熱門，所以 Osis 和他的同事 Erlendur Haraldsson 也開始研究印度的瀕死經驗。另一個心理玄學家是維吉尼亞大學的 Ian Stevenson，他對確證轉世經歷特別感興趣。」

「到了 60 年代末，心理玄學不再那麼熱門。西方心理學中一個叫做跨個人心理學開始發展起來。它並不是專門的通靈術，而是跟哲學家兼神祕經驗研究者 William James（1842-1910）的工作更有關係。研究的重點轉移到了這類經驗在人們生活中的價值。」

「在 60 年代和 70 年代，愛荷華大學的心理學家 Russell Noyes 和 Roz Kletti 開始將瀕死經驗作為病理學症狀來研究。在 70 年代初，精神病學家 Stanislav Grof 和我對罹患癌症將死的人展開了研究。Elisabeth Kubler-Ross 繼續展開了這方面的研究，她將死亡看作一種過渡禮，Raymond Moody 也進行了瀕死經驗的研究。到 70 年代中期，西方研究者對死亡有極為濃厚的興趣。」

證詞及其模式

「我現在想簡單給您介紹一下那些經歷了瀕死經驗的人的敘述。我還想圍繞一些細節元素來談。度亡經是立足於細節的。我在

這裡將講述的不是那麼不同尋常，無法跟您通過探究所發現的相比，但是我想能否作為一種比較，來看我們能不能一起建立實際死亡經驗的景象。」

「這是一位叫 Richey 的醫生所提供的瀕死經驗。在危機的第一分鐘，他發現自己在他的身體之外，注視著那個死了的身體，他只能從手指上的友愛戒指辨認出這是自己的身體。他十分困惑，因而逃離了這個醫院。他前往維吉尼亞的裡士滿，因為在那裡有個預約，可是他非常不安，很快就又返回來尋找自己的身體。當他最後發現自己身體時，他無法重新進入他的肉體。在這個時刻，房間裡充滿亮光，他覺得好像自己在基督面前，基督要他回顧他自己一生的行為。然後，基督帶著他去巡遊了各種遭受苦難和受到保祐的地方，那是跟我們所處的世界很不一樣的地方，雖然它們看起來占據著同樣的空間。在簡短看到了五光十色的街道、建築和珠光寶氣的人群後，Richey 睡著了，醒來後發現自己在醫院病房裡。Richey 相信他是重返生命，『為了成為一個醫生，從而可以研究人類，為上帝服務。』」

尊者好像覺得這個話題的背景介紹已經完成，現在開始實際討論了，他問這人在臨床死亡階段多長時間。喬安回答說，「所有這類經驗的一個共同點是時間感的改變。這些事發生在很短的時間裡。看起來好像整個一生都可以在心裡快速回顧一遍。事實是，當他所說的這一切發生時，Richey 是因為心臟病突發而處於搶救之中。」

　　達賴喇嘛沉吟片刻，然後說道，「很難確定此人是實際上離開了他的身體，還是只不過有了一次脫離身體的幻覺。」

　　彼得・恩格爾插話說，「但是您那天說到的判斷標準還是有效的：如果他們真的脫離身體做了別的事情，那麼他們醒來後應該能報告一些除此之外不可能知道的事情。」

　　喬安說，「這在稍後會有。首先讓我指出像 Richey 大夫提供的證言所呈現的一種模式。在表 8.1 中，你能看到瀕死經驗的三個主要當代研究者的模式：Raymond Moody，起初是哲學家，現在是精神病學家；Kenneth Ring 是心理學家；Michael Sabom 是位心臟病學家。我們在這裡看到具瀕死或臨床死亡經驗的人所經歷事件的原型次序。斜體字表示所有三位研究者共同的，但實際的事件展開有一些非常有意思的不同。」

　　「在 Raymond Moody 給出的典型瀕死經驗中，此人瀕臨死亡，當他達到身體痛苦的最高點時，聽到自己被宣布死亡。然後他開始聽到一種很不舒服的雜音，一種高聲的鈴聲和蜂鳴器的聲音，同時感覺自己在快速通過一個長長的黑暗隧道。然後，他突然發現自己在自己的肉身之外，但是仍然在剛才的物理環境裡。他從一端距離之外看到自己的身體，就好像他是往下觀望的旁觀者。他從這個不平常的觀察位置看著人們在給他的身體做復甦術，他處於情緒非常激動的狀態，但我們還不知道他為什麼如此心煩意亂。過了一會兒，他鎮定下來，更適應他的那種奇怪狀態。他注意到自己仍然有

MOODY	RING	SABOM
聽到（自己死去的）消息		感覺自己死了
平和的感受	平和	情緒：平和，休息
智慧		
黑暗旅行	脫離身體	脫離身體
逸出身體	進入黑暗	
與他人會面	身在某處	觀察到物理事件
光明之物	一生回顧	
回顧		
邊界	決策危機	黑暗區域
返回	光明	一生回顧
與他人交談		光明：快樂的生物
個人的影響	返回	
對死亡的新觀念		遇到他人
證據	跟他人交談	

【表 8.1】 根據三位獨立研究者總結出的瀕死經驗結構

個身體，但這個身體跟他留下物理身體有非常不同的本質，擁有很不一樣的力量。不久其他的事情開始發生。另一些人來看他，並施以援手。他看到了一些早已死去的家人和朋友的靈魂，然後出現了一種從來沒有遇見過的溫暖及愛的神靈，一種光明的生靈。（這樣的光明生靈一般不是轉世的人或人格化的神靈，但也有可能是。）」

「這個光明生靈問了他一個根本性的問題。這是一切問題的核心問題，但我們不一定知道它是什麼，因為它通常不是用語言表達

出來的。這個問題迫使此人來評估他一生的事件。這就是我們所說的一生回顧。有意思的是，跟中世紀的陳述不同，審判或有罪的概念在現代的這些對象中不存在。」

「在某一個時刻，此人發現自己接近了某種阻隔或邊界，顯然這代表世間生活和後世的界限，可是他發現他必須返回到世間，死亡的時間還沒有到。在這時刻一般會有抵觸。非常有意思的是，人們不想回去，因為到這時候，此人已經有了後世的經驗而不想再回去了。他已經沉浸在歡樂、愛和和平的感情裡。可是，儘管他有這個態度，他必須回去跟他的物理身體結合，他還活著。後來他想告訴別人，他懷著一種救世的欲望，要告訴別人死後是怎樣的。不過，由於西方文化中大多數人對死亡持負面反應，所以他們把相關的經驗放在心裡，不與其他人交流。但是這些研究對象覺得他們的生命被神祕的瀕死經驗所改變了。」

尊者問道：「有瀕死經驗的人中，不同的年齡會起什麼作用嗎？」

「所有這些研究者取樣的人群中都包括孩子，也包括老人。Ring 的研究有一百五十份陳述，Moody 的研究至少也有同樣的數量。Sabom 的研究包括三十四人。他的取樣標準更嚴格，雖然他的結論基本上是同樣的。」

尊者繼續他一貫的懷疑精神。「這些有過瀕死經驗的人是否讀過度亡經，他們會不會是受了這本書的影響？」

　　「不會，絕對不會。他們的陳述中有他們熟悉的宗教人物的象徵，比如耶穌和聖徒，但是事實上並不經常出現。事實是，瀕死經驗中出現的這些事情是他們從來也不相信竟然會出現的。」

　　尊者仍然堅持，「但是也可能有一些人在很年輕時接受了宗教思想的灌輸。在意識的層面上他們可能是完全的無神論者，但是在心靈深處，他們仍有宗教的印記。」

　　「是，當然，但總是西方的語境。」喬安也在堅持，她繼續說：「Ring 的描述是這樣的，這種經歷剛開始是一種安寧與平和幸福的感覺，不久就成為一種鋪天蓋地的歡樂和幸福感。這種狂喜的感覺，雖然在強度上各人有所不同，卻是這種體驗展開時的持久情緒。到了這個時候，此人已經自覺地知道他感覺不到疼痛，也沒有任何其他的身體感覺。剛開始一切都是如此安寧。這些跡象有可能在告訴他，他要麼正處於死亡的過程中，要麼已經死了。」

　　「然後他可能會聽到一種處於轉變過程中的像風一樣的聲音，不管那是什麼，他發現自己脫離了自己的物理身體，從一個外部位置從上往下看著自己的身體。在這個時候他發現自己可以完美地看和聽。事實上，他覺得他的視力和聽力比平常更清晰。他知道在物理環境裡人們正在做什麼，他能聽到他們的談話。他發現自己扮演著一個被動疏離的觀察者角色，看著戲劇正在發生。所有一切對他來說都非常真實，甚至相當自然。它一點不像是在夢中或者處於迷幻狀態。相反，他處於一種清晰而敏銳的精神狀態。」

　　「在某些時刻，他可能發現自己處於一種雙重知覺狀態。在他繼續察覺他周圍的物理場景的同時，他還意識到一種『另一個現實』，感覺自己正在被拖向其中。他飄向，或者被導入一個黑暗虛空或者黑暗隧道，感覺自己在其中浮動穿行。雖然有時候他感覺孤獨，不過他的體驗主要是和平與安寧。一切都是極度安靜，此人只覺察到他的心識和感覺在漂浮。突然，雖然沒有看到，但是他能感覺到有什麼存在著。這個存在，可能是他聽到一個話語，也可能只是將一些想法引入了他的心識，刺激他去回顧自己的一生。這個存在要他做出決定，是想活還是想死。對生平的回顧，可能就像一生場景的快速回放。在這個時候，他不再有時間和空間的感覺，時空間概念本身已完全沒有意義。他不再以他的身體為自我識別，也不再以其他任何身體為識別。只有心識存在著，只有心識在生和死的門檻上邏輯而理性地權衡著他面前的抉擇。他的問題是，他應該更深地進入死亡經歷，還是返回生命。一般的情況是此人決定返回，但並不是為了他自己。他是想到了他所愛的人需要他。」

　　「有時候，停留還是返回的抉擇發生在更晚些的時候，或者根本就沒發生。此人可能會有更多的經歷。比如，他可能繼續漂浮，穿過黑暗空虛，朝向一片輝煌的金光，從中產生了愛、溫暖和完全被接受的感覺。他也可能進入了一個極為美麗的光之世界，他與已故的家人臨時團聚。這些家人可能會告訴他，現在還不是死的時候。他還得回去，於是他就折返了。一旦做出了決定，返程通常極其快速。可是，他一般記不起來他是怎麼開始返程的，因為在重新

活過來的過程中，他會失去所有知覺。偶爾，此人會記得他是在一陣震動後回到了自己的身體之中，有時甚至經受了很痛苦的感覺。有時他甚至懷疑自己是通過頭頂回到了身體裡。」

「事過之後，當他能夠講述他的經歷的時候，他發現他就是找不到合適的詞句來描述他記得的感覺和知覺。他可能變得對談論這些諱莫如深，因為他感覺沒人能理解，別人會認為他瘋了。」

「在心臟病學家 Michael Sabom 和他的助手 Sarah Kreutziger 的最後報告中，他們用了更嚴格的標準來決定這些人是否經歷了瀕死經驗。他們得出了跟前面兩位研究者相似的結果。關於他們的報告，有意思的並不一定是其中的新資訊，而是這樣一個事實，在其中一些實例中，他們證實病人的確已被宣布臨床死亡。這讓他們非常驚奇，激起他們研究的熱情，因為他們以前不相信這樣的事情會發生。在一個規模很大的調查中，蓋洛普調查發現美國有 15% 的人曾有一次和死亡擦身而過的經歷，而其中 34% 有過和平與無痛苦的感覺，或者從身體脫離的感覺，或者有過在另一個世界的感受，以及回顧一生經歷。」喬安結束了她的演講，最後問尊者對她所講述的內容是否感覺熟悉。

瀕死經驗的具體本質

此時，尊者對正在討論的這些敘述與評論所談的是不是「真正

的」死亡經驗提出了第一個挑戰。「我在想，這些經驗是否更是某種像夢一樣的類型，因為這些經驗中時不時出現了快樂地和家人相聚的經歷。已經去世的家人仍處於這一性質的存在之中，那是非常罕見的。他們很可能早已重生到另一個生存境域。這些死去家人仍然處於這樣一種狀態，使得他們能夠接觸正在瀕死經歷的人，這種可能性是微乎其微的。這幾乎是不可能的。我想這更可能的是，由於這人自己心識上的習氣，或者潛在傾向，這些家人的形象浮現在心識中，他覺得自己從他們那裡得到了建議和鼓勵。但這純粹是一種主觀現象。」

羅伯特・利文斯頓評論說，這符合這樣一個事實，在西方，人們相信將來會來到基督教的天堂裡而不是轉世再生，所以他們可以跟正在體驗瀕死經歷的人團聚。

尊者要求進一步的闡釋。「根據死後升入天堂或者墮入地獄的觀點，最後審判的意義是什麼？既然你已經進了天堂，誰還在乎最後的審判？那麼把身體放在棺材裡保存其實也沒有任何意義了？放在棺材裡保存身體，我的理解是，當最後審判發生時，身體可以復活。」

查爾斯・泰勒解釋道：「猶太教的復活觀點跟基督教不同。在猶太教觀點看來，人死後就留在墳墓裡，等到彌賽亞到來的時候就會復活。根據猶太教傳統，彌賽亞還沒有到來。而在基督教傳統中，彌賽亞早已來到，死亡已被征服，所以人可以從死亡直接進入死後

的世界。這整個事情必須在這兩種時間之間似是而非的關係之下來理解。如果把永恆視為另一個維度，就不能順理成章地確定最後審判的日子。所以這裡已經偏離了我們作為西方猶太人或基督徒所期望的當代瀕死經驗：這裡沒有分叉路，沒有前往天堂或前往地獄的選擇。」

尊者堅持說，「我仍然想理解這些經驗到底是不是類似做夢的體驗。」

我建議用他自己提到的試驗。「病人如果能夠說出醫生在他瀕死之際給他做了什麼，這能不能作為瀕死經驗的證據？您能接受這樣的陳述作為證據嗎？」

「即使是那樣，仍需確定這是不是在做夢狀態中的脫離身體經歷，在這個過程中人處於夢身，還是真實的脫離身體經歷。換言之，這是在活著時，由於疾病而產生的類似做夢的經歷，還是真正的『度亡』（bardo）經歷？這仍需弄清楚。也許還有第三種可能。」

喬安說，「讓我們來看看一些細節情況，看您是否能看出究竟。您是為數不多的能夠判斷這些證據的人。有一個研究者說，他所考查的人中有 58% 的人說，他們得到了一個全新的身體：這個身體和原來的大小年齡相同但稍微輕一點。另一個研究者發現，新的身體似乎獲得了雲或大氣的某種形式，它複製了物理身體的形式但是更透明，有點像雲霧一樣。還有一個研究者說，身體和我們現在有的身體完全一樣，但沒有任何缺陷。」

　　尊者回答說，「在藏傳佛教有關中陰（*bardo*）的文獻裡，在這個階段的身體是沒有任何缺陷的，即使這個人在前世生活中有身體上的殘缺。關於中陰階段物理身體的本質，有兩個主要觀點。一個說它和前世生命相似，另一個說它更像將要到來的生命。還有第三種觀點說，中陰階段的前半部分更像前世的身體，而到了後半部分，就更像未來生命的身體了。」

　　喬安補充說，「關於靈魂之身體的最終理論是說，事實上根本沒有身體：你根本沒有體驗到身體。」

　　尊者問道，「那麼你就有一種無形式的感覺？」

　　喬安表示認可並補充說，有一些報告說，有人說有一條紐帶把他和這個身體連結起來。在死亡的瞬間，不管那是什麼時候，這紐帶被切斷了。「紐帶只在少數報告中出現過。這個細節可能和出生的意象有關聯。」

　　尊者說，「這有點像你修行時想像觀想彌勒佛，從彌勒佛的心中浮出一種類似雲霧的紐帶，降落到跟你有非常特殊關係的另一個人身上。這可能是，比如說，宗喀巴喇嘛。這可能跟你剛才所說的相似。」

感覺與知覺

　　喬安繼續說，「接下來我們考察一下死後狀態的思想、感覺和

知覺。首先,這些報告中普遍提到溫暖的感覺。」

達賴喇嘛問,「是情緒意義上的溫暖嗎?」

喬安說,「在死後狀態,思想、感覺和知覺似乎都捲入了不加區別的一個整體。還會有一種無痛苦的感覺,好像死後的身體不再有這個身體所經歷的痛苦。就視覺經驗來說,人們報告了各種各樣不同的光、光形、光體、光環,各種視覺形象,還有黑暗隧道。聽覺經驗包括風聲、鈴聲、蜂鳴聲、甚至鋸子的聲音,還有天堂般的合唱聲。嗅覺的經驗沒有報導,味覺也沒有報告過。重量、運動和位置的測定感覺也不存在。報告者處於一種無重量的狀態,不能調整自己的位置,不能做任何跟位置有關的事情。」

羅伯特·利文斯頓問道,「他們有觸覺嗎?嗅覺、味覺和觸覺都要求身體跟一種化學物或其他物體產生直接的接觸。」

尊者補充說,「這跟佛教關於各種靈敏知覺的討論相對應。佛教經典中提到了清明聽力和清明視覺,但沒有提過超常的味覺、觸覺和嗅覺。這三種感知能力不會通過觀想而得以提高。」

彼得·恩格爾想知道,在死亡過程中,視覺和聽覺是否在味覺、觸覺之前停止功能。達賴喇嘛回答說,「視覺是第一個中止的,第二是聲音。最後一個階段是嗅覺,然後味覺,最後是觸覺。」

喬安說,「在我的臨床經驗中,我跟很多經歷了生命最後階段的人在一起,他們在進入死亡經歷前實際上失去了味覺和嗅覺。這

一點對很多老人也是如此。通常嗅覺先衰退，然後是味覺。有一點味覺會殘留，到臨近死亡時完全消失，有時候是在死亡前幾週就消失。在實際死亡事件中，聽覺是最後消失的。即使是處於昏迷狀態的人，也會有聽覺反應。」

尊者回答說，「這就是佛教教義中我們需要重新審視的問題。密集金剛闡述的死亡階段性，需要參照我們剛才聽到的內容再次檢驗。根據佛教經乘和金剛乘系統，死亡過程中體內熱量的最後地方是心的位置。」

喬安說，「從我所知的經驗，在死亡階段，四肢末端變得非常冷，這種冷蔓延到身體上，那些還沒有完全死去的人所能感覺到的最後的溫暖區域是身體的核心。」

尊者說，「根據佛教的傳統說法，熱氣是從上到下和從下到上消失的，最後是在心臟會合。熱量從下往上消失被認為是更好的。在經乘系統中，如果熱量先從上往下消失，這是不好的。」

彼得解釋說，「生理學認為，能量是由血液循環推動的，在心臟停止時，循環就停止了，四肢和頭部最先失去能量。」

尊者問在座的生物醫學界同仁，「在心臟停止跳動後一分鐘甚至兩分鐘，大腦不是仍然活著嗎？如果是這樣，熱量是不是仍然在那兒保持了一會兒？」

羅伯特・利文斯頓指出，大腦占身體重量的 2％，但是消耗

20％的氧和葡萄糖，占用 20％的血液循環，所以大腦能保持相對溫暖。但我指出，如果那時大腦是溫暖的，我們卻不會感覺到，因為那時在大腦裡已經沒有知覺了。只有從頭皮感覺頭部裡面的熱量，所以這兩者並不矛盾。

達賴喇嘛說，「具體說來，我指的是外部知覺。我並不是談論第一人稱敘述的死亡過程中敘述者的感受，而是對一個瀕死的人進行客觀測定的外部陳述。從這個第三者角度看，最後的熱量是不是在心臟部位？」羅伯特同意熱量在胸部殘留時間最長，雖然不一定是在心臟。尊者繼續說，「我以前提到過，當我們在眼下的背景說到心臟的時候，我們並不是指心臟這個器官，而是指胸部的中心部位。根據佛教經乘和金剛乘的說法，在受孕的時候，意識的最初位置是心，同樣，死前意識的最後位置也是在心。」

羅伯特微笑著說，「是，這是相對應的。只是對西方神經科學家或醫生來說，熱量跟意識沒有絲毫關係。」

尊者也笑了起來，「當然，神經學一開始就不會談什麼明光。在這兩種情況下，談論起始位置和最終位置，我都是在談明光，而明光是神經學或神經科學之外的事情。當然我們已經提到，依賴於大腦的粗分之識是會消失的。」

核心經驗

　　喬安把談話引回原來的軌道。「發生了兩個認知轉變。我們已經提到了時間感的改變，從順序的時間變成了無時間。第二個轉變是精神敏銳性的轉變。在這個狀態的人覺得他們自己的精神敏銳性比處在任何其他狀況中更強。有一個變應性休克的病人，這是一種導致迅速死亡的過敏反應，他僥倖活下來後說，『我在身體上和精神上都完全知道急診室裡發生的事情，直到我活過來，一活過來我就又變得困惑了。』我們有很多報告提到這種精神上的敏銳性。而當他們活了過來，他們就完全困惑了。在招魂術的文獻中，新死者，即那些剛剛死去的人，也被描述為困惑的人。」

　　「瀕死經驗總是帶有某種旅程的特性。他們的陳述中不可避免地提到了車輛和運動的模式。瀕死經驗也經常帶有某種敘述的品質。我自己的母親曾有一次臨床死亡，她說自己是在一艘郵輪上，這艘郵輪游歷了她以前去過的港口。她和我父親曾經很喜歡坐郵輪。有一個印度婦女在瀕死經驗中說，她騎著一頭大象。您可以看出心理學的和文化的固有影響。在其他一些陳述中，瀕死經驗描述說他們被一種無形的力量推動而高速移動，或者旋轉、被吸進一個黑暗隧道，或者是飄浮著通過隧道。另有一些版本有點像出生的景象，被擠出子宮或產道而進入死後狀態。還有很多顯然跟固有文化影響的其他意象，如在一個無盡頭的地下涵洞或管道裡行走，在令人暈眩的螺旋梯上旋轉，沉入深井，或進入洞穴，在光亮的引導下

穿過黑暗峽谷等等。」

「然而，所有這些陳述都是從黑暗走向光明。光明的經驗，被研究者稱為核心經驗，似乎是跨文化的共同經驗。這種光明被描述為清晰的、白色的、桔色的、金色的或黃色的，肯定是跟日光不一樣。它更明亮但令人放鬆。人在看到它的同時就被它吸引住了。它似乎完全淹沒了心識。它也還帶有一種精神品質，主要是智慧和慈悲。換言之，這時的光明和心識沒有區別，好像心識就是光的母體一樣。在這樣完全光明的一刻，人似乎領悟了一切。」

尊者說，「我在想，處於麻醉中的人所經驗到的和平與愉悅，是不是只不過是因為麻醉前或許很不舒服的狀態在麻醉時終止了。這跟瀕死的人的情況可能有某種平行性。在死亡前，一般都很不舒服，無論是身體上還是精神上，只要脫離這種不舒服，就會感覺和平與快樂。」

喬安回答，「光明是一種視覺經驗，但它和一種輝煌、清晰、透明、溫暖、能量、一種無窮的愛和擁抱、包容一切的知識這樣的感覺結合在一起。不僅跨文化的陳述是這樣，這種有關光明的描述在中世紀的陳述中也是同樣。」

「然後我們要談談中世紀文獻中所說的審判，我們所說的生命回顧。有很多人描述了在瀕死經驗中同一個光明的實體（不一定是巨大的光明體）之間的非語言交流。與此相一致，但不是所有人的敘述中都有的，是一種審視和評價自己一生的感覺。這經常發生為一種

視覺經歷。你或許會順著時間順序看到自己的一生，也可能是倒著時間順序，也可能是在一個瞬間同時看到了自己的一生。這種人生回顧的景象極其生動，好像那些事是真的在發生一樣，儘管對於經歷者來說，時間的觀念已經發生了改變。很多當代的經歷者感到，這樣回顧的目的是理解自己在一生中所達到的進步。」

「我想念一段這樣的陳述，讓您品嘗一下這類陳述的味道。請注意這位女士談到自己是用的第三人稱，帶有一種客觀敘述的強烈意識。這位女士出生於 1937 年。『我和這種浩瀚的和平融為一體，我看到 Phyllis（她自己的名字）的一生進來了，經過我面前。不是像在電影院裡那樣，而更像是重新活了一遍。這個人生重演不僅包括自 1937 年她在愛達荷州 Twin Falls 出生後所做的事，也重演了所有她有過的想法、所有她說過的話，加上每個想法、每句話、每個行動對所有進入她的影響圈的人的影響，不管這人她實際上認識還是不認識，還要加上她的每個想法、每句話、每個行動對天氣、空氣、土壤、植物、動物、水，以及 Phillis 曾經身處的我們稱為地球和空間的造物中所有東西的影響。我一點也不知道對以往人生的回顧會是這樣的。在此之前，我從沒想到我們要對我們所做的每一件事情負責。這個回顧威力強大。這是我在審判我自己，不是某個天堂裡的聖彼得在審判我，而我的審判銳利而嚴厲。我對 Phyllis 所做過的事、說過的話、有過的想法，很多都不滿意。這是一種悲哀和失敗的感覺，但當我明白 Phyllis 總是在做著一些事情時，一種歡快的感覺在增長。她做了很多不值得的事情，負面的事情，但她畢竟

做了一些事情,她努力過,嘗試過。她做的很多事情是建設性的,正面的。她學習過,在學習中成長。這令人滿意。Phyllis 幹得還可以。』」

「生命回顧和光明,這兩者有一個特點是一種廣泛知識的感覺。另一個特點是回轉來後經常會忘記知道的是什麼。人們活轉過來,明知自己在那邊理解了生命的意義,這帶給你無上的歡樂,但是記不住認識到的是些什麼。」

尊者回應說,「這是有關遺忘的一個重要現象,個人記得他知道一些非常重要的事情,卻想不起來,但卻感覺到受到它的影響。這是不是所有類型的瀕死經驗者共同的現象,包括那些他們的陳述得到驗證的人?你給出了一個例子,那人清楚聽到了談話,當他或她返回後,告訴了你那裡發生了什麼。讓我們進一步看這個例子,把它作為一個單獨的類型,因為這是非常重要的,而且顯然那不是編造的。這樣的人也會有那種類型的遺忘嗎?」

喬安肯定了這一點,雖然遺忘並不發生於所有情況,但是經常發生。

「我提出這個問題的原因是,如果一個人事實上和身體分離,而且有了各種經驗,那麼這些經驗的記憶就不是依賴於大腦。它們也應該是分離的。然後當這個人返回,他的知覺重新依賴於大腦,那麼看起來很可能在那個不依賴大腦的階段所產生的記憶,不會轉移到隨後依賴於大腦的記憶中。相比之下,一個人有了夢境一樣的

經驗，所有的精神過程都發生於大腦，那麼夢境般的記憶以後可能能夠回憶得起來。」

尊者又一次領先我們幾年設想了檢驗證據的實驗。喬安不得不承認這確實看起來是一個有意思的研究方向，但現在還沒有答案。然後她繼續講述死後世界的元素：烏托邦的顏色，極樂的場景，包括美麗的草坪、長滿鮮花的牧場、壯觀的天空、潺潺流水、彩虹、寶石和珠寶，以及令人難以置信，寬敞龐大而美麗耀眼的建築。

陪伴與安樂

「瀕死的過程中，還有誰在那兒？」喬安發問，「最普遍的描述是那兒有一群天使般的生物，特別是基督和自己的家人。最後是返回。大多數人不想回來。事實上，他們對那些讓他們復甦的人感到生氣。他們很激動、很困惑，感覺是被迫又回到了他們的身體。他們回來主要是他們還牽掛自己的家庭。有些事情還沒有料理完。有時他們也有另外一個通常不那麼重要的理由使得他們回來。他們要完成一個使命，這個使命跟他們處於瀕死狀態中獲得的理解有關。看起來好像這些經驗對他們有非常好的影響。研究者報告說，從臨床死亡或瀕死狀態中存活的人對生活有更大的熱情，他們對物質生活的關心大大消減，他們有更強的自信，他們有了真正的生活目的感。他們變得在靈性方面非常熱情，對大自然更有興趣，對別人更容忍、更慈悲。而且，他們對死亡不那麼害怕，因為他們已經

相信，死亡只不過是一次令人愉悅的兜風！他們有一種相對不那麼
脆弱的感覺，所以他們感覺非常樂觀。他們還感覺他們好像有一種
特殊的命運，也許有一點為死而復生感到驕傲。」

「有時候瀕死經驗有一些事後效應：有些人獲得了精神性的能
力，擁有預知某些事情會發生的能力，或者是心靈感應、身體外經
驗的能力。這些經驗被認為，至少對這些人來說是這樣，這不僅是
一種神異，而且也是一種高標準的精神功能。這些經驗現在進入了
西方心理學界，開始被認為不是病理學的，而是意識的一種自然狀
態。」

尊者問道，是否有人在瀕死經驗之後變得抑鬱，或者他們的生
活品質退化。喬安回答說，「事實上，所有這些報告有一個一致的
元素，就是他們的積極本質，而在中世紀傳統中它們不是那麼令人
愉悅的，有時甚至是可怕的。這在西方文化中很特別，這類經驗從
艱難而有罪的體驗，轉變成了愉快的、極樂的、美麗的體驗。」

「總之，在瀕死經歷的人口中，60％體驗到了和平，37％體
驗到了與身體分離及體外的經驗。23％曾進入黑暗，16％看到了光
明，10％進入了光明。這些百分比是根據敘述而得出的。換言之，
人們是在不同的階段終止旅程而返回來的。」

一些唯物主義的視角

喬安繼續說，「最後的問題是：死亡是什麼意思？哈佛大學提出了四個標準：（1）無接受和無反應，換言之，此人不再對外界刺激作出反應，不再接受外界刺激；（2）沒有運動，沒有呼吸；（3）無反射；（4）平坦的腦電圖。心臟病學家 Fred Schonmaker 訪談了五十五位從所謂腦死中康復的病人，他們都曾顯示平坦的腦電圖，符合哈佛死亡標準，他們所有人都有生動的極樂景象的記憶。」

我問為什麼對一個符合四項標準並被宣布死亡的人還要繼續施行復甦術。彼得指出了一個關鍵點：「上面沒有提到的是，哈佛的這個標準還要求一個人必須處於這種狀態達十二個小時。在這段時間內，他們將繼續接受呼吸器或生命支持系統，他們按照哈佛標準還不算死了。我想知道這些人是不是在十二個小時裡一直處於這樣的狀態。」

喬安說，「我很懷疑這一點，但是更詳細地考察這個問題將是非常有意思的。在我們的討論中，有一點已經很清楚，那就是很難精確地定位生物學意義上的死亡時刻。細胞是以不同的速率瓦解的，生理學的死亡過程以不同速度展開，所以說，很可能並不存在一個確定的死亡時刻。」

我問尊者，如果對一位已經宣布死亡而正經歷著中陰過程的西藏修行者施行西方醫院裡如此普遍的醫療復甦技術，那將會發生什

麼？他回答說，「如果這個人已經走到了明光，但是沒有更遠，那麼可以想像，用技術手段可以把這個人帶回來；但如果這個人已經超過了明光階段而進入了中陰，那就很難回來了。一個人在被確定臨床死亡後，在多長時間內有可能施行復甦技術而成功？時間限制是多少？」

彼得回答說，「事實上大概半小時之內。顯然不可能是修行者在明光中停留的幾天之久。所以我很難相信在明光經歷後還能夠復甦。」

尊者承認這是令人困惑的。「我沒弄懂。當一個人被宣布臨床死亡，是不是意味著四項標準已經達到了十二小時？」

「不是的，」彼得回答說。「我是在描述腦死。當心臟停止跳動而且不能重新啟動時，*臨床死亡*一般就發生了。在腦死時，身體仍然活著，但大腦似乎是死了。有些致死藥物也能造成這種效果。有些藥物降低代謝，事實上保護大腦不致缺氧和缺葡萄糖，使得病人能在死亡狀態存活更長時間，使之仍然能復甦。」

喬伊斯・馬克杜格爾提出了另一個疑問：「有瀕死經驗的人和復甦了卻沒有這些經驗的人，兩者的數量比率是怎樣的，你知道嗎？」

喬安回答說，「我不知道這個比率，但是我想這是一個重要的問題。我認為以唯物主義的視角來考查可能造成瀕死經驗的生物學

和心理學原因是很有意義的。當神經系統要麼過載，要麼缺乏營養時，瀕死經驗就造成了。所以這些經驗也有可能是在藥物作用下，或者壓力非常大的條件下激發出來的幻覺。事實上有一些藥物，從麻醉藥、鴉片提取物到致幻劑，能夠產生這些經驗。在這個領域工作的大多數研究者，都試圖找到這些經驗的唯物主義起因。他們說，病人正遭受嚴重的代謝不平衡，例如高燒、胰島素昏迷、疲憊、創傷、感染、肝中毒或腎衰竭。所有這些都可能產生類似瀕死經驗的體驗。另一種是邊緣葉綜合症，這是一種抽搐活動，會造成人格解體和不由自主的記憶重現。」

彼得說，「癲癇症發作典型地涉及大腦的一個叫做邊緣葉的區域，我們相信它跟動機以及營養器官的控制有關。在癲癇發作時，邊緣葉功能可能會出現古怪的狀況，病人會有種種奇怪體驗，包括人格解體、脫離身體的經驗、宗教性經驗、看到的東西改變形狀與大小。」

喬安繼續說，「身體內也會產生某些化學物質，它們能製造不尋常的經驗：比如內啡肽、內精神素（endopsychosins）、腦髓苷等等。」

我看到達賴喇嘛露出了疑問的表情，於是補充了一些有關鴉片製劑的歷史背景。「大概十五年前，神經科學家在大腦內發現了鴉片的活躍成分。這些化學物被稱為內生鴉片劑，或內啡肽。另外還發現，當一個人處於極大的壓力下，比如瀕臨死亡時，這些物質就會釋放出來，造成痛覺缺失，即失去了對疼痛的敏感。所以，如

果當人面臨死亡，可以設想他或她事實上會有一種吸食了鴉片的體驗。這可能是歡樂愉悅和非常光明體驗的一種原因。」

羅伯特·利文斯頓詳細解釋說，「早前尊者說過，如果有個榔頭打在你頭上，你在它停止打你時感覺好多了，這是一種倒溯的愉悅。我相信，當你用榔頭打到頭部時，腦幹將釋放出大量內內啡，這物質不僅保護你不感覺到頭部的疼痛，而且還產生安寧與平靜的快樂感覺。」

尊者問，這些化學物質的釋放，是否能解釋人們在被子彈擊中或被刀刺時感覺不到疼痛，這種效果能夠維持多長時間。我解釋說，它可能維持長時間，甚至達到幾個小時。

喬安提出了酷刑的極端例子，指出有一種可能性，在遭受酷刑的某個時刻，痛苦轉換成狂喜，達到接近性快感的程度，甚至可能達到性高潮。在絞刑中也發生過這種現象，絞刑造成陰莖勃起和射精。有產婦談到在分娩時發生性高潮。羅伯特補充說，腦內啡的釋放也可以預先激發出來。「比如，一個將要進行足球比賽而且預期會在攔截過程中受傷的人，從一開始就會有較高水平的腦內啡。當他被對方攔截時，他可能會有嚴重的青腫，但是並不影響他。同樣的情況也發生在上戰場前的士兵身上。受傷後的人經常報告說他們在受傷的瞬間一點都沒感覺到疼痛，即使那是相當嚴重的傷。」

喬安引導著這場討論，說道：「尊者，瀕死經驗研究者已經發現，最清晰、最生動的瀕死經驗發生在那些沒用過藥物、不受隔離

之苦、沒有精神失常或中風癲癇的人身上。這些病理學的情況，以及腦內啡的釋放，事後常常會有困倦和夢幻狀態發生，這跟倖存者描述的瀕死經驗生動狀態是不一樣的。」

魂靈附體與癲癇

喬安開始總結她的演講：「在這次研討會上我們探究這個領域，無論是神經學的，還是現象學的，或者本體論的方法與觀點都被提了出來。我們可以用一種互補和整體的態度來看待它們。」

「對於那些只在大白天才睜開眼睛的人來說，天上的星星並不存在；但在另一種狀態，稱為夜晚，星星就突然出現了。在*中陰*的教法中談論的那個領域可能也是以這種方式存在著，這樣看待問題是很有意思的。西方文化經常把這類經驗要麼看成是病理學的，要麼是不真實的，人們試圖把這類經驗簡約為生理學的或生物學的狀況。我們現在是試圖把生理學的、生物學的、神經學的要素跟經驗要素聯繫起來，並不需要設想這些要素有一個共同起源。這個想法使我產生了一個我想要提出的問題：這些經驗是怎樣跟*中陰*體的經驗相關的？」

「很難把你所說的瀕死經驗跟*中陰*體的經驗聯繫起來，」尊者說，並繼續質疑西方有關瀕死經驗的標準解釋。「不僅如此，*中陰*狀態這個術語到底是什麼意思，也是有問題的。例如，在西藏社會，

我們經常聽到有關死人之神靈的故事，但是這很難說他們是不是處於中陰狀態。」

「例如，在 12 世紀的偉大西藏詩人和聖徒瑜伽師米蘭日巴的自傳中有一個故事說，有人使用了雍仲本教傳統的死亡儀式來召喚一個死人的魂靈。然後在另一個儀式中，這個魂靈準備好了，將要啟程。在這個時刻，一位家庭成員事實上看到了一個跟死者同樣容貌的靈體。米蘭日巴告訴這位家庭成員，實際上這不是那位死去的家人的魂靈，而是別的神靈偽裝成這個樣子。死者的魂靈已轉世為一隻蟲子。然後米蘭日巴施行了意識轉移的功法，破瓦法，據說這時大家看到了白色的虹。」

「我也認識一個人，他死後開始進入了，或者說附體於不同的人。他是個僧人，是我的副經師的學生。在他圓寂幾天後，他附體於某個人，使得這人處於迷狂狀態。通過這個被附體的人，他準確說出了他自己房間裡的幾樣東西，然後他向我的經師要幾個特別的修行法。我的經師最後通過這個被附體者見了這個人。經師給了他有關精神修行的幾項建議。幾天後就不再有心智混亂或者附體了。但這很難說這個魂靈是在中陰領域還是在別的地方。根據藏人的民間信仰，這些魂靈無法轉世，但這種信仰很難符合佛教有關六道輪迴或六種生存狀態的分類。一般而言，一個人能在中陰待最多四十九天，但有人說有些似乎是脫離身體的魂靈待了長達一年的時間。這是為什麼這些說法難以和佛教的義理相一致的原因。」

彼得問道，「那個被附體的人發生了什麼？他會回來嗎？他醒來後記得發生了什麼嗎？」

「他當然會回來，但他不會記得任何事情。如果你留心看這些被附體的人，你會覺得他們很像是癲癇症發作的人。但從藏人的視角看，我們會說他們是受到了外部的影響，他們的身體沒有一點問題。相反，是一種外部的影響造成了看上去似乎像癲癇的樣子。」

「那麼看上去像癲癇的行為，跟那個附體於別人的人的行為是什麼關係呢？被附體的人事實上有癲癇發作嗎？」

「處在這樣迷狂狀態的人的行為似乎各有不同，不能一概而論。在某些情況下，好像是有癲癇發作，身體變得非常僵硬。尤其是在迷狂狀態剛結束時，身體真是非常僵硬。雖然這種附體現象在藏人社會十分常見，從嚴格的佛教觀點來看，它很難解釋。藏語中『附體』這個詞包含兩個音節，意思是『心識流』和『瀰漫』。我經常用這個詞，但我不知道，這是個問題！這不是說被附體的人的心識流被中斷了，一個新的心識流進入了身體，也不是說一個脫離了另一個。這是這兩種可能之外的一種。也可能發生的是，被附體的人的所有感官和精神功能都很活躍，但同時又有一個從外部力量操縱他。這個人此時不再有自我控制，雖然感覺仍然在。這是一個我們真的需要進行科學研究的領域。我在想，在癲癇症的大腦裡，是不是有一個專門的結構框架，因為確定這一點的一個方法是對神媒者或癲癇症的人做大腦掃描。」

彼得說，「對那些被附體的人做掃描，甚至只是做一個
EEG，都會是非常有意義的。」

「我想，最好是在附體前做掃描，因為你可以在癲癇發作前就
診斷出癲癇症患者。另外，神媒有不同種類。有些可能在迷狂時能
夠回答向他們提出的問題，似乎保留著很大一部分自己的人格，而
另一些人在進入迷狂狀態時似乎經歷了非常大的轉變。例如，幾年
前，我遇見一個人，他告訴我附近有個神媒。我問神媒在什麼地方，
結果發現他就是跟我說話的那個人。他當場就被附體了！我以為這
個人就是一個跟著我一起走路的普通人。可是也有一些情況完全不
是這個樣子的。」

瀕死經驗與佛教義理

「為了更廣泛回答有關瀕死經驗之本質和佛教義理的問題，
首先需要講清欲界、色界和天界。或者，在時輪金剛系統中，有更
細緻的分類，分為六個或三十一個領域。我們可以簡單地說，存在
著不同的世界，不同的經驗，而人類生命只是其中之一。我們平時
所說的靈魂，是一些不同的生命形式，是具有不同身體和精神的生
命體。在欲界，或者更準確地說，在人類居住的環境領域內，有相
當廣泛種類的其他實體。每一個實體各有自己的分類和種類，你幾
乎可以說，這些實體都跟我們一起生活在這裡。另有一些，例如天

人 ²，可能生活在欲界的其他地方，但跟我們一起生活在這個世界上的生命體種類是相當廣泛的。就像人類一樣，有些不同種類的生命體是很慈悲的，另一些則是更有害的。它們有它們的問題。在這個神靈領域裡，人類對它們的干預似乎比反向的干預更罕見。

「如果你跟這些生命體交上了朋友，它們可能像神諭一樣有用，但是神媒怎樣進入迷狂狀態，附體是怎樣發生的，這種機理和過程，我不知道！當然，當你求教於神諭時，也有上當受騙的危險。但如果你找到了一個稱職的真正可靠的神諭，那麼有時候是相當有幫助的。我們來看看乃瓊護法和神諭的例子。關於這個天人的首次報告要追溯到印度，他在那裡第一次顯現。有一個人去了北方安多，那是西藏東北部的高山牧場，乃瓊跟著他去了那裡。然後在公元 8 世紀，蓮花生大師的時代，這個天人從安多北部的霍爾（Hor）到了西藏中部離拉薩不遠的地方。這個乃瓊護法被認為是欲界的一個神靈。」

喬安繼續問道，「假設您的一個學生或僧人有了一次類似我們今天所描述的那種瀕死經歷，問您那是什麼意思。您會對他們說什麼？」

「既然我現在無法在這裡解釋這樣的經歷，我又怎能給這個年輕僧人解釋呢！我不知道怎麼一般性地解釋這些經驗，更不要說從

2　譯注：*Deva*，亦直譯為提婆。

他的角度來專門地解釋他的經歷。」

我試探地問道，「死亡的時刻，也就是不再會回來的完全徹底的死亡，對大多數沒有經過修行訓練的人來說，是一種可怕的經歷，而不是快樂的愉悅的狀態，是不是這樣？」

「有兩大類可能的經驗，到底發生了怎樣的經驗，跟個人活著時候的態度，以及人的精神過程等等有關。並不是所有的人都有同樣的經驗。即使是在普通人中間，也有各種各樣不同的經驗。那些一生都懷慈悲心的人，或者至少在死前的一些年裡心懷慈悲的人，在中陰狀態會有類似的經驗。對那些生平脾氣暴躁的人，或者心態負面的人，在中陰狀態就會有不同的經驗。還有一些差別跟將要投生到下一世的生命方式有關。」

「有一種現象叫做『從死亡返回』，藏文叫 *delok*。我說過那位母親叫她的女兒不要碰她的身體，整整一週她的身體完全不動，此後她醒了過來，描述她在身體不動的那幾天裡去過的地方。這可以說是從死亡回的一個實例。在這樣的例子中，粗分之身和非常細微的能量—心識之間的聯繫被切斷了嗎？這很難確定。我們不能確切知道這人在此階段是否呼吸，或者是否有細微的呼吸。我們不知道，這就有種種可能性。如果這是特殊的正在夢中的身體，它和粗分之身脫離了，這並不意味著非常細微的能量—心識和粗分之身的聯繫被切斷了。也可能是，非常細微的能量—心識從粗分之身脫離，走了出去，然後又回來了。這後一種情況是很成問題的，因為

這女人的這番經歷，如我們所知，不是非常深的觀想修行的結果，而只是她自己的業力結合特殊情況發生的。我們很難相信，沒有精深的觀想修行，非常細微的能量—心識能和粗分之身完全脫離開來。但這仍是一個開放的問題。」

「一般地說，如果非常細微的能量—心識和粗分之身之間的聯繫被切斷，那就是不可逆轉的。可是，如果一個人有非常高的修行成就，那就可能在觀想修行中將非常細微的能量—心識和粗分之身分離，然後再返回。兩年前，我遇見一個八十歲的老尼，很不幸，她在去年逝世了。實際上我想她知道她不久將死去。那天她給了我一些非常重要的藏文書籍，我告訴她，她應該保留這些書籍，於是這些書就仍在她的茅屋裡。她在達蘭薩拉已住了差不多三十年，在西藏時她在布達拉宮住了很多年。很多人，包括一些西方人，都到她那裡去請求測算未來，因為她算命極其準確。我見到她時，她告訴我她曾經結婚，在她二十七或二十八歲時生了一個兒子。後來這兒子死了，所以她決定不再過尋常人家的生活。她放棄了所有的家庭事務，到處旅行。她到了西藏最重要的佛教中心哲蚌寺後面的一座山。有個老喇嘛住在那裡，大概八十八歲，帶著大約十五個徒弟。她在那裡待了幾個月，聽喇嘛講經。有一天她看到他的兩個徒弟從山這邊飛到了那邊。她沒有理由撒謊，而且她看起來心智很健康。所以，或許，如果這是真的，這也是一件值得探究的事情。」

「從佛教的觀點來看，我們的經驗建立在五種內在元素和五種外在元素的基礎上。當你的觀想經驗深到足以控制五種內在元素

時，就有了控制五種外在元素的可能性。雖然空間看來似乎是空的，一旦你開發出了能量，你就能控制它。當這種情況發生時，你能夠看透硬實的東西，能夠在空的空間行走似乎那是堅實的土地一樣。就像我們所有人身體中都有細微的粒子一樣，即使是在空間也有粒子。」

我問道：「尊者提到過，有些高深的修行者能在死亡的時刻切斷和身體的聯繫，然後返回身體。那是發生了什麼？」

「這不只是一種有意的功夫，這也是無上瑜伽密續的一種主要修行。這種修行主要是產生出一個虛幻的身體，這個身體和粗分之身是分離的。不管幻身到了什麼地方，它都帶著非常細微的能量─心識。你把這兩者和粗分之身分離，然後再把它們帶回來。這是那種修行的一部分。」

瀕死經驗與明光

彼得提出了一個對西方人來說很重要的問題。「對一個天真的西方人來說，喬安描述的瀕死經驗，特別是特別燦爛的光亮，很像藏人關於死亡的修行中體驗到的明光。將這兩者聯繫起來是不是有這樣一個問題，那就是，要見到明光，你必須是一個對此有經驗的修行者，明光並不是對任何人都會出現的？」

尊者答覆說，「首先，完全不是說一個人必須是精深的瑜伽師

才會體驗到明光。每個人都可能遇到明光。很可能你所描述的光的體驗就類似於明光。它們跟明光有一些共同的地方，那就是：當細微能量分解時，細微的光的體驗就越來越強。隨著這些能量和精神因素逐漸消解，相對應的就是體驗到內在的明光。所以這很可能是跟明光同樣的東西，但從死亡時刻體驗到最細微的明光，再回到原來狀態是非常困難的，除非這人有某種非常精深的精神性經驗，能夠控制身體的各個元素。」

我說，「那麼阻斷通常的粗糙大腦現象，比如用麻醉藥如鹽酸氯胺酮來中斷感覺運動的知覺功能而造成明光經驗，應該產生這樣的相似性？」

「也許是，但這種導致類似明光體驗的干擾，需要涉及粗糙水平意識的撤離。然後，類似於明光的跡象就會產生。你提到的心臟病發作或麻醉藥物是這樣的實例。可是這裡有一個不同之處。在突然死亡的情況下，就像交通故造成的死亡，這種意識瓦解或撤離的過程極其快速，所以很難去確證。在正常死亡的情況下，當身體還處於相對好的條件時，這過程是逐漸發生的，所以有更大的機會去識別。這樣正常、逐漸的過程持續幾分鐘或幾小時？並不是所有人都一樣，差別會很大。當普通死亡時，沒有控制的辦法，我想這取決於身體條件。那些由於觀想訓練而獲得一些經驗的人，可以在一定程度上控制意識瓦解的時間。」

尊者繼續說，「現在請注意。在密集金剛系統中，包括無上瑜

伽密續，有關身體分離、語言分離和精神分離的解釋。在精神分離後，虛幻的身體出現了，在此之後呈現成佛之象。為了培養身體分離，有特定的修行方法專門為把生命能量收縮到中脈裡。在這一切發生時，你會經歷各種元素的瓦解，土瓦解為水，水瓦解為火，火瓦解為氣。」

「這時也會有一些主觀的跡象顯示這些元素的瓦解。但是，當一個人首次獲得這樣的體驗時，並不真的確知這些瓦解跡象發生的次序。有時候，有一個跡象，比如煙的跡象，會顯得非常強烈；在另一些時候，火星的跡象會非常強烈。所以，並不是那麼確定無疑。你自己看到這些景象的經驗有時就像明光一樣。打個比喻，這就像電影銀幕被照亮而實際上並沒有影片投射在銀幕上。這就像明光體驗，在這體驗中浮現出不同的意象：如同煙霧的意象等等。就像我此前提到過的，在修行的早期階段，開始培養身體分離狀態時，這些跡象出現的次序是不確定的。可是，隨著修行越來越精深，這些跡象的持續就越來越確定了。在第一個階段，身體分離的情況下，有語言分離和稍後精神分離期間的相應過程。第三個階段，精神分離的培養，是幻身的完成。幻身只有在此時，在整個過程的最高階段才能完成。在觀想時，只有這時候你才體驗到各種元素就像死亡過程發生時那樣收縮或瓦解。所以，這不只是死亡過程的模擬，這是跟死亡完全一樣的體驗，但這是通過修行，在控制之下的體驗。正是到了這個時間點，心輪的結被解鬆了。那裡一共有六個結。」他雙手相對，八個手指交叉，來演示心輪裡的結，「在這個時間點，

人變得能飛翔。心輪裡的結隨著精神分離而解散，此時會體驗到隱喻性的明光。正是從這時間點開始，你能飛行了。其原因是，從這個時間點開始，出於你的瑜伽修行的力量，你獲得了身體內在元素的完全控制。」

喬安撿起了此前的一個話題，「西方瀕死經驗中一個經常不變的項目是生平回顧。西方人非常強調傳記和自傳。在東方，或許這方面要比較輕一點，但是我很好奇，生平回顧不是您討論的一個內容。在藏人的經驗中，有生平回顧嗎？」

尊者回答說，「會有可能出現。我知道一些人，他們有我們正在討論的瑜伽修行力量，能夠回憶起前世的事情。當我問我的朋友一個問題，他們通常像一般人一樣回答。但是有時候，由於長時間深入的閉關觀想，一些更深的經驗出現了，這時他們回憶起了前世。有些人能回憶起前二十或三十世的事情，有些甚至是佛陀的時代。這意味著記憶的能力提高了，所以這一世的記憶也自動地提高了。」

「有件事情我感到驚奇，那可能是相當普遍的一件事。在心智清晰的情況下，回憶的力量提高了，而這也許可以用人的願望或專注來解釋。例如，對佛教修行者來說，對世俗事務的注意力不怎麼強，因為他們更主要的是關心精神事務。而對修行經驗較少的人或者非修行者來說，主要的專注力是在這一世的生活事務方面。在意識的清晰性提高時，回憶的力量變得非常清晰。例如，根據

佛教顯宗的修行，當修行者努力培養知覺能力時（梵文 *abhijna*，藏文 *mngonshes*），修行的一個內容是重複思考你想要知道的那個目標物。那些瀕死經驗的人可能是同樣做法。精神能量只能朝著你想要的目標走。」

我比較好奇的是意象的不同文化特性。「這些人在瀕死經驗中看到了基督，或聖徒，或他們的家人，顯然是一些他們比較熟悉的東西。讀度亡經的描述，看到的是描述穿戴印度衣服和飾物的和平或憤怒的形象。西方人說，『我不認為我能看到這些。我從沒見過這些形象』。是不是每個人都有自己的文化投射在這些經驗之上？」

「很可能是這樣。在曼陀羅中出現的所有神靈形象來自於印度，所以它帶有印度文化特徵。很可能來自於不同文化的人會有不同的經驗。正是由於這個理由，一位名叫格西根敦群培，非常出色的西藏學者說過，自從佛教從印度而來，佛的報身（*Sambhogakaya*），即佛的非常細微的身體，就被描述為穿著印度國王的王冠和飾物。他說，要是佛教起源於西藏，那麼佛的頭飾就會是西藏的風格。如果佛教起源於中國，那麼佛的報身就會被描述為留著長長的鬍鬚。總而言之，如果你想說什麼是佛的報身的真正本質，你就必須說它有最偉大的一切可能的裝飾物，美麗而完美。這是極其完美、絕對美好的身體。這是你可以說的真實。但一旦這個說法在特定文化中說出來，那麼人們當然要環顧四周，試圖想像完美的身體看起來是怎麼樣的；他們很可能想起一個國王的裝飾，諸如此類。」

「另外，報身佛是一個色身（*Rupakaya*），也就是一種有形的身體。佛陀顯現出色身的目的是為了他人的緣故。正因如此，他要顯現的是別人看起來合適的形象，因為這是為別人而顯現。這不是說，報身佛具有某種固有的自動的形式，完全獨立於報身佛要幫助的那些人。雖然在藏傳佛教內部對於怎樣理解報身佛的形式的觀點稍有不同，但很多早期西藏學者把報身佛描述為僅僅是為了他人而顯現的形象。所以說，這是從他人的眼光得以見證的形象，只是一種關係性的形象。」

我堅持問，「*中陰*的形象是不是受到文化的影響？是否存在一個基本的結構，這些文化的顯現是建立在這樣的結構之上？」

「那些憤怒的或安詳的神靈之面相，是寧瑪派修行者在進行某種特定的修行過程中，在中陰狀態的經驗中所看到的。所以，並不是所有的藏人一定會在中陰狀態看到同樣的景象。」

時間已經很晚了，會議臨近結束，彼得·恩格爾以十分個人的方式提出一個難以迴避的問題。「我有一個最後的問題。我作為一個非常害怕死亡的西方人，又作為一個科學家提出的一個個人問題。我聽了這裡有關佛教死亡概念的所有討論，我覺得這些討論很有邏輯，很令人感到安慰，但是我是持懷疑態度的，因為我是科學家。我是不是應該把喬安所說的瀕死經驗作為一種肯定，應該鼓勵我接受佛教死亡觀的信念，還是說那些講解是中性的，和我並沒關係？」

　　尊者開心地哈哈大笑，「這個問題你得自己去找出答案！你要繼續探究。在某種意義上，你可以把自殺現象看作某人試圖擺脫一種困難局面。為了擺脫困難，他們結束了自己的生命。這一切怎麼看，和我們是只有一次生命還是有多次生命相關。如果只有一次生命，那就相當簡單：如果生活變得無法忍受，那你就做你想做的。這些是非常複雜的事情。我想，由於我們人類的頭腦，會有很多不同的處置方法，於是就形成了不同的宗教和不同的哲學。重要的是個人。非常重要的是，你要找到對你個人來說合適的、恰當的做法。你應該找到一些你能夠理解並且運用的方式。」

　　最後，我們互相鞠躬、握手、交換禮物，為這個值得記住的一週合影留念，然後互道告別。

尾聲：會議之後的思考

下山之前

　　星期五晚上，所有的與會者在俯瞰達蘭薩拉群山的克什米爾旅館，度過了一個慶祝之夜。我們坐在一起吃喝，交換知性和個人層面上的印象。我們坐在圍廊上，腳下的山谷沐浴在壯觀的金色日落中。很快我們就要打點行李，第二天就離開這裡前往德里，然後各自分道回家。我和我的同伴都懷有一種熱切的留戀心情，不久前我們這些同一條征途上的同道者們彼此只知道對方印在紙上的名字。

　　星期六上午，我們幾個人和達賴喇嘛有一次訪談。我們的目的是對這次會議作出評估，並計畫下一次對話。尊者對我們鼓勵再三，一再說這樣深度、私下而且互相尊重的對話是多麼有用。他強烈肯定了我們要再次舉行會議的想法，即舉行第五次心智與生命對話會。下一次會議的題目，我們選了將利他主義和慈悲心作為一種自然現象來看：二者的演化、生理學依據，及其社會環境。理查德·戴維森博士將是下一次會議的科學協調人。

我們學到了什麼

回顧這次會議的整個過程，我覺得我們每個人都在交流中收穫
甚豐，這些收穫將在以後很長時間裡豐富我們自己的研究和實踐。
在兩個領域裡得到了相當有意義的進展，一是瀕死經驗（NDEs），
二是涉及不同層面的細微心識。關於清明夢的對話和神經科學建立
起來的睡眠各階段的成果，也特別具有啟發性。

也許這次會議上最令我們驚奇的是達賴喇嘛對西方 NDEs 研究
所持的懷疑態度。他似乎是想說，這些研究的方向有偏差。引起那
些陳述的痛苦和震撼以及繼而發生的事情，似乎跟幾百年來人們觀
察到的自然死亡過程不相符合。不止如此，在他看來，NDEs 作為
一個過程跟死亡瓦解階段並不相同。他對這個問題的思考對很多把
NDEs 陳述視為自己不可避免的未來將會發生的狀況的西方人是個
強烈的告誡。這次會議的結果強烈地提示我們，佛教傳統可以對這
個領域目前的研究做出重要貢獻，看起來有必要對西方研究 NDEs
的方法整個重新評估。我並不是說，西藏傳統針對 NDEs 的觀點就
是正確的，而是覺得他們廣泛的經驗是強而有力的證據，說明西方
的研究可能是在太匆忙地做出解釋。

尊者對死亡問題的出色講解，也使得我們能夠在相當深度上接
觸到細微心識的問題。這些講解指向了西方人在意識問題上的所謂
「真正困難的問題」。意識的這些細微層面按照定義是在個人之前
的，即它不是以人為中心的。有鑑於此，在西方人的眼睛看來，這

似乎就是一種二元論，並且會被迅速地否定。然而，這次會議告訴我們，我們不能輕易忽視尊者的講解，只要予以恰當的闡釋，這些講解能極大地幫助我們理解我們稱為普通意識和死亡之間轉變的多重層面。非常重要的是要注意到，這些細微心識的層面不是理論性的，而是相當精確地在實際經驗的基礎上做出的描述，所以值得任何聲稱從事經驗科學的人的重視。這可能會成為科學研究的重要契機，尊者清楚地表示歡迎這樣的研究。

我認為，這個問題還應該更深地思考，因為對細微心識層面的理解要求持久、嚴格、獲得良好指導的觀想修行。在一定意義上說，這些現象對那些願意進行實驗的人是開放的。為了對新的現象領域獲得第一手經驗而需要某種形式的專門訓練，這並不奇怪。就像一個音樂家也需要特殊訓練，才能夠有技能來即興演奏爵士樂。但是在傳統科學中，這樣的現象仍是隱匿的，因為大多數科學家仍然避免對他們自己通過觀想或其他內省方法而得到的經驗進行專業研究。幸運的是，當代對意識科學的討論越來越依賴於經驗證據，有些科學家在怎樣對待意識研究的第一手陳述的態度變得更為靈活了。

同時，現代科學和佛教義理之間的認識論鴻溝是非常深的。只有那些在兩邊的道路上都行走的人，才能架起橋梁從而避免簡化的陷阱。這樣的橋梁需要幾代人來建設，不是幾次會議上的幾次討論能解決問題的。可是，作為這個龐大項目的一部分，為科學與佛教之間的對話勾畫出真正困難問題的一個清晰藍圖，顯然價值非凡。

就此而言，第四屆心智與生命研討會給出了至今最好的藍圖。

西方理論與佛教理論在 NDEs 問題上意見分歧，在清明夢的觀點上雙方意見一致。很多觀察在兩大傳統中共同存在，西方生理學的發現很容易和夢瑜伽的理論相聯繫。方法的觀念也頗為兼容，儘管一些高級西藏瑜伽師對幻身的思想似乎超出了西方人的報告。同時，西方技術知識對於強調發展清明性的傳統來說是引人入勝的。

最後，達賴喇嘛認為，西方神經科學所描述的睡眠階段性對他的文化傳統是一個有價值的補充。REM 睡眠和非 REM 睡眠的主要區分和睡眠階段之間的轉換，給佛教的觀察提供了生理學方面的證明，在這些討論會上，這些總是非常吸引人的內容。

別的與會者可能選擇其他東西作為這次會議的亮點，這只是進一步證明了這次會議的豐富。會議的目的是繼續通過兩大傳統之間涉及人類生命和精神經驗的意義豐富的交流來培養一種開放的心態。這無疑是成功的。

返程

穿過北印度回到德里，一路上我看到了日常世俗生活中顯而易見的緊張。由印巴邊境衝突引發的印度教和穆斯林的衝突在加劇。西邊的阿富汗正陷於悲劇性的內戰中；北邊，越過興都庫什山，中亞很多新成立的共和國在動盪不安之中；而在積雪的喜馬拉雅山另

一邊，中國對古老西藏領土的占領仍然在繼續。我的返程讓我穿過了斯利那加，那曾經是克什米爾王冠上的寶石，現在看上去無精打采、單調乏味、汙染嚴重，粗製濫造的建築和過度擁擠的街道令人窒息。

　　我不由地想到，在 21 世紀的黎明時刻，這個世界的社會肌理和地球本身一樣，處於極大的壓力之下。人性退化、暴力和原教旨主義態度似乎充斥著所有社會系統。這和我們正在思考的科學與佛教傳統的對話形成了多麼明顯的對比。達蘭薩拉藏人社會教導的容忍精神，我們剛剛結束的互相尊重的跨文化對話，和這個世界到處所見的衝突是多麼巨大的不同！增長和治療的力量能夠克服撕裂我們這個星球的危險嗎？不管這個問題的答案是什麼，它要求我們人類能更深地看到我們超越自己經驗的能力。

第四次心智與生命研討會的參與者及翻譯在達蘭薩拉尊者的賴喇嘛的私人寓所外合影。

術語解釋

Abhidharma（藏文：*mngon chos*）*阿毘達磨*。佛教傳統中對心識和心理功能及其各種正面和負面心理狀態子影響的詳盡哲學研究。據說阿毘達磨的修行由佛陀創立，延續至今。

afflictive obstructiom（梵文：*klésāvarana*；藏文：*nyon mongs kyi sgrib pa*），*煩惱障*。一些負面的心理狀態和情緒，它們會遮蔽實在的本質，影響再生過程即輪迴（*samsara*）。有一系列各種各樣的負面心理狀態組成這類障礙，但是它們都可以歸結為三毒：貪（貪婪）、癡（執念）、嗔（憤怒）。

ālayavijñāna（藏文：*kun gzhi nams shes*）*阿賴耶識*。常被理解為「儲藏意識」或「基礎意識」。在唯識派（又稱「瑜伽派」）的論述裡，阿賴耶識是最細微的第八意識。在煩惱現起的因緣聚集之前，隨煩惱障影響所行的習氣及慣性都會儲藏在阿賴耶識上。

Arya Asanga 無著。印度佛教哲學家（西元4世紀），他在阿毘達磨等方面的著作促進了瑜伽行系統的建立。

association cortex，*關聯皮層*。這是與大腦皮層相連的區域，能整合不同的感官（即視覺、聽覺、觸覺等）或運動信息。這些區域

被認為是較高階的，因為它們允許反射、有目的的行動。

Asura，*阿修羅*。阿修羅界的成員，阿修羅界是佛教宇宙學中輪迴（*samsara*）六界之一。阿修羅通常被稱為嫉妒之神，由於強大的正面和負面的業力而出生在天界。他們雖然富足、聰明、長壽，但嫉妒天人的至高財富，因此經常與他們交戰。

awakening（梵文：*bodhi*；藏文：*byang chub*）*開悟*。[1] 佛教修行的終極目標。當一個人克服了煩惱障和所知障，證得了佛的種種功德的時候，就被認為是覺醒了，或者開悟了。已經達到開悟的人就稱為成佛，或者覺者。

Axon，*軸突*。以電脈衝和化學信號的形式將資訊傳遞給遠處另一個神經元的神經元輸出纖維。

backchak（*習氣*）[2]，見 *imprints*（印記）。

bardo（梵文：*Antarābhava*），*中陰*。通常是指死亡和再生之間的*中有*[3]*狀態*，心識流在中陰狀態以「精神軀體」的形式游蕩，尋找一個新的體現之所。密宗認為*中陰*是一個重要的機會，因為在從死亡到中陰的*轉變點*，意識的*明光*本質將會顯現。同樣，在中陰期

1　譯注：*開悟是佛教中以覺醒的角度來闡釋時的用語，如果是以果位的角度闡釋時，通常譯為菩提。*

2　譯注：*習氣有時也直譯為印記。*

3　譯注：*「有」即「存在」的意思。*

間，心識經歷了多種據說以和平或憤怒的神靈形式出現的顯像。如果修行者能夠意識到這些是心識自身本質的表現，他或她就能獲得解脫。參見 *Bardo Thodol*，*clear light*。

Bardo Thodol（藏語：*bar do thos sgrol*）*度亡經*。藏傳佛教有關死亡的著名經典，在英語中翻譯為《*西藏度亡經*》，按字義翻譯書名為*在中陰狀態通過聞知而解脫*。在瀕死或已經死亡的人身邊高聲朗讀這本書有助於此人辨認出中陰是意識自身的本質之顯現，從而獲得開悟。

basic clear light *基礎明光*。無結構的、原始的概念性意識狀態，它超越所有邏輯範疇，包括存在、不存在、存在和不存在、既不存在也不不存在。參見 *clearlight*。

Bön *雍仲本教*。西藏的本土宗教傳統。雖然雍仲本教具有不同於佛教的歷史和神話，它汲取了藏傳佛教傳統中的很多哲學觀念和觀想實踐。

Brainstem *腦幹*。三個神經解剖結構的總稱：髓質、腦橋和中腦。腦幹從大腦底部延伸到大腦的中心，前部連接到脊髓。它處理來自頭部、頸部和臉部的皮膚及關節的感覺，以及聽覺、味道和平衡的感覺。這些區域的神經網絡也涉及調節各種大腦「狀態」，如清醒意識和睡眠的不同階段。

central channel（梵文：*avadhuti*；藏文：*rtsa dbu ma*）*中脈*。根據

佛教密宗的生理學，這是細微神經系統中最主要的「神經」或「脈絡」。通過瑜伽技巧使得心識的能量或氣（梵文：*prāṇa*；藏文：*rlung*）在中脈中流通，就有可能辨認出根本明光。

　　cerebral cortex *大腦皮層*。大腦半球由神經元的細胞體（如灰質）形成的薄而複雜的表面。它主要分為四個區域：額葉、頂葉、顳葉和枕葉。

　　cerebrospinal fluid *腦脊髓液*。大腦的四個腦腔或腦室中的液體。腦室相互連通，使得更新的腦脊髓液得以循環。腦脊髓液有多種用途，如保護大腦免受外力（如重力）可能造成的變形、調節細胞外環境等等。

　　Cerebrum　腦部除小腦和腦幹外的兩個腦半球。

　　chakra（梵文：*cakra*；藏文：*' khor lo*）　*時輪*。字義為「輪」，指能量脈道沿著中脈的節點；主要的時輪位於頭頂、咽喉、心臟和生殖器部位。

　　chosen deity（梵文：*istadevata*；藏文；*yidam*）*本尊*。在佛教密宗中，這是個人修行密宗時集中觀想的神祇。佛教密宗描述了大量的此類神祇，各有不同的神通，能夠最好地適應特定修行者的習性。觀想本尊通常是修行者為實際操控活力能量做準備，以促進心識本質中*明光*的實現。

　　circadian rhythm *晝夜節律*。在大約二十四小時週期內的生理

活動，最為常知的晝夜節律是人類的睡眠。

clear light（梵文：*prabhasvara*；藏文：*'od gsal*）*明光*。當活力能量被吸收進中脈時出現的細微表象。活力能量在幾個節點被吸收，最主要的是在睡眠和死亡，或者密續觀想的時候。隨著能量被吸收進中脈，心識經歷分解的*八重階段*，包括一系列的以明光本身為結果的顯現。明光的體驗，據形容就像「黎明前晴朗無雲的秋日天空」，表明心識處於其最細微的層面，對它的知覺就叫做*自然明光*。當修行者維持對這種明光的知覺時，她就實現了心識自身的根本本質，明光為一切精神內容的細微基礎。雖然明光是極其細微的，但是*睡眠明光沒有像死亡明光那樣細微*，因為在入睡的時候，活力能量沒有被完全吸收進中脈。可是在死亡時，能量被完全吸收，所以，根據這個理由，死亡時顯現的明光被稱為*基礎明光*，或*原始明光*，即心識處於最細微和最根本的狀態。

clear light of death（死亡明光）參見 *clear light*（明光）。

clear light of sleep（睡眠明光）參見 *clear light*（明光）。

Consciousness 意識（神經科學的定義）。尚未有一個獲得共識的神經科學定義；但是該術語被用於和以下內容有關的場合：反思性知覺，對環境刺激因素的選擇和對行為的監護，一定程度的覺醒，認知處理的綜合等等。

Consciousness 意識（佛教的定義）。多數佛教哲學家把意識定義

為「亦明亦觀」。光亮（梵文：*prabhasvara*；藏文：*gsalba*）這個說法指的是照亮或呈現目標物的能力。同時，意識是光亮的，因為它是「清明」的，它就像一個開放空間，能夠盛放內容物但是自身沒有也不是內在的內容。最後，心識的清明性指它的基礎本質，即*明光*。意識在光亮的時候，也就是「知覺」（梵文：*jnana*；藏文：*rig pa*），因其知曉或理解向它顯現的目標物。所以，當一個人看到藍顏色，意識的清明性就在心識中顯現藍色，意識的知覺性就使得這個人理解這種顯現，能用其他心理功能，如概念化或記憶力，來處理這種顯現。

cooperative condition（梵文：*sahakāripratyaya*；藏文：*lhan cig byedrkyen*）*助緣*。為了讓特定的近取因帶來其效果而必須具備的條件；例如，種子必須有土壤、濕度和光照的助緣，才能形成綠色的新芽。

cyclic existence 參見 *samsara*. *輪迴*。

Deity yoga *本尊瑜伽*。密宗修行中用觀想自己為佛界本尊的修行方法。通過觀想自己處於結果狀態（成佛狀態），據認為就有可能培養起在單一人世中開悟的必需因緣。參見 *chosen deity; Vajrayana*。

delok（藏文：*'das log*）*一種極端的「瀕死狀態」*。某人在重病或事故後，歷時數天處於瀕死狀態，在此期間見證了業的作用，即自己在中陰狀態和未來人世必須經受的苦難，然後又恢復了生命。

desire realm（梵文：*kamadhatu*；藏文：*'dodkhams*）*欲界*。佛教宇宙

學中的三個存在維度之一，另外兩個是色界和無色界。欲界被認為是最粗糙的，因為此界中的眾生心識與軀體是粗糙的。它被名之為欲界的部分原因是因為此界中的眾生的行為動機主要是由欲望驅動。地獄生物、惡鬼、野獸、人類、阿修羅和一些天人（印度教中的神明）都被認為是欲界的一部分。

deva（藏文：*lha*）天人。在梵文中，天人是指「神」或天上的天人。有些天人占據輪迴（*samsara*）之欲界的最高層面，而另外一些天人在色界和無色界。天人有極長的壽命，他們享受感官和觀想的愉悅；因此，他們通常缺乏通向悟道之路的自制力。

Dharmakāya（法身）參見 *three kayas*（三身）。

Diamond Vehicle[4] 參見 *Vajrayana*（金剛乘）。

dream body 夢身。人在做夢狀態中的物理形式。瑜伽修行達到無上瑜伽修行的圓滿次第，夢身就培養成為幻身的模擬物。

Dream yoga 夢瑜伽。[5] 一種修行法，類似西方人所說的清明夢，在夢中培養對夢之本質的知覺，利用夢的狀態來實行靈性修行。

drongjuk（藏文：*Grong'jug*）趨舍法。一種瑜伽修行法，修行者將他或她的意識轉移到另一個死亡了的身體中並使之復活。在西藏

4　譯注：直譯為寶石之車。
5　譯注：即夢觀瑜伽。

傳統中，據稱這種修行法是由瑪爾巴譯師（Marpathe Translator, 1012-1097）帶進西藏的，但是當瑪爾巴的兒子在將其傳教給其他人之前突然死亡後，這種修行祕法就失傳了。

Dzogchen（藏文：*rdzogs pa chen po*）*大圓滿*。英文通常譯為 *Great Perfection*。藏傳佛教寧瑪派密宗觀想修行的最高系統。在這個系統中，男瑜伽師或女瑜伽師依靠從修行精深的喇嘛那裡獲得的對心識本質的認識，結合喇嘛本人的引導，培養起直接的、不可變更的對法身的認識。

effulgent pristine awareness（藏文：*rtsalgyi rig pa*）*俱明力覺*。這是具生知覺的一種形式，它甚至能夠在清醒意識狀態顯現而修行者不必沉浸在觀想中。據稱有時候會在「思想之間」顯現，類似於其他形式的具生知覺，因為它是意識本身基本的、原始的本質。它被稱為「光明的」，因為它顯示出意識的認知或表現。因此它成為所有心理內容的基礎。

eightfold process of dying/dissolution *融入八次*。[6]根據無上瑜伽，當五種形式的活力能量在死亡時分解進入中脈，在瀕死者的心識中發生一系列顯現：幻覺，煙縷，螢火蟲，熾亮的燈光，白色的顯現，紅色「漸強」，黑色「顯現」，最後出現死亡明光。

electroencephalogram（*EEG*）*腦電圖*。記錄大腦內部生理過程

6　譯注：直譯為死亡或解體的八重過程。

中產生的電活動的裝置。它涉及將傳感裝置或電極安放在頭部的外表面上。

Electromyogram 肌動電流圖。肌肉或肌肉群電流活動的紀錄。

emptiness（梵文：*sunyata*；藏文：*stong pa nyid*）空性。佛教哲學（即*佛法*）認為，事物沒有不可變化的、自身的本質或存在，這就是*空性*。雖然事物*終極而言*是空的，但是也可以說，它們有一種*慣常性*的存在，或者說是依賴於原因和條件的存在。參見 *identitylessness*。

evident phenomena（梵文：*drsyadharma*；藏文：*mthong rung gi chos*）*現前分*。[7] 印度和藏傳佛教認識論傳統中事物（*存在*）的三大分類之一。*現前分*就是使用五官和心識可以直接察覺的事物。

extremely obscure phenomena（梵文：*ativiprakrstadharma*；藏文：*shing tu lkog gyur gyi chos*）*極隱蔽分*。[8] 印度和藏傳佛教認識論傳統中事物（*存在*）的三大分類之一。極隱蔽分就是其存在無法直接察覺和推斷的事物。對一些人來說，某些事物極其難解，而對另外一些人來說則並非如此。由此，對普通人來說，業在某些方面的作用是極其難解的，但是這些業報過程對佛來說是顯而易見的。

extremely remote phenomena（*極其遙遠的現象*）參見 *extremely*

7　譯注：直譯為證據性現象。
8　譯注：直譯為極其難解的現象。

obscure phenomena（極隱蔽分）。

five aggregates（梵文：*pancaskandha*；藏文：*phung po lnga*）*五蘊*。根據佛教哲學思想，心智—身體系統分為五蘊，或五個組成部分。這五蘊是色、受、想、行、識。根據很多佛教哲學家的觀點，這五蘊組成了個人「自我」意識和人格身分認定的基礎。

five inner and five outer elements *內五大和外五大*。五種元素是土、水、火、氣和空間。當它們被指稱為組成身體的元素時，它們被稱為五種內在元素。當它們指外部宇宙的組成元素時，它們就是五種外在元素。

form realm（梵文：*Rupadhatu*；藏文：*gzugs khams*），*色界*。在佛教宇宙學中，色界是三種存在維度之一（另外兩種是欲界和無色界）。色界中生活著天人，但是他們不同於欲界的天人，他們已經消除了一切欲望，只剩下見、聞和觸感外物的欲望。生在色界是觀想修行和完善四大靜修（禪那 *dhyana*）的結果。

formless realm（梵文：*arupyadhatu*；藏文：是欲界和色界）。*無色界*中的眾生既沒有欲望也沒有任何物理形式。生在無色界是觀想修行和完善三摩地（*samadhi*）的結果。

foundation of all（一切之基礎）參見 *alayavijnana*（阿賴耶識）。

foundation consciousness *基礎意識*參見 *alayavijnana*（阿賴耶識）。

Four Noble Truths 四聖諦。四聖諦是（1）苦是存在的，即苦諦；（2）苦的來源是執念，即集諦；（3）苦可以終止，即滅諦；（4）通向終止苦的道路，即道諦。佛教的所有傳統派別都將四聖諦奉為佛祖精神教誨的核心。在這四聖諦之內是兩組因果關係。第一組跟輪迴相關：第一組是有關來源（原因）和苦（結果）的真理。第二組有關從輪迴中解脫，即有關道（原因）和終止（結果，即解脫）的真理。簡言之，四聖諦的教誨闡明了佛教對輪迴（*samsara*）和解脫（*nirvana*）之本質的理解。

frontal lobe 額葉。大腦皮層的前部，接近大腦皮層總量的三分之一。它的功能多種多樣，不容易定義。這些功能包括：對來自大腦其他所有區域的資訊作出高層次的綜合、執行過程、推理、判斷、對環境的解釋從而對社交互動作出適當判斷、動作的準備／發起／行動，等等。

fundamental clear light （基礎明光）參見 *clear light* （明光）。

Gelug order 格魯派。格魯派是藏傳佛教新譯經系各大派中最晚出現的一派，格魯派由偉大的學者和瑜伽師宗喀巴（1357-1419）所創建。這一派以其重視哲學研究和辯經著稱。

Geshe 格西。藏文中格西一詞的字面意思是「靈性友人」。現在這個稱號通常是給予那些成功完成了多年經院教育並獲得了很高學識的人。

Great Perfection（大圓滿）參見 *Dzogchen*（大圓滿）。

gross body/gross consciousness 粗分之身／粗分之識。由業和負面精神狀態所支配的平常身體與心識狀態：粗分之身／粗分之識是一個基礎，經過淨化而進入細微或虛幻的身體以及清明知覺，構成開悟。

Guhyasamaja system 密集金剛系統。在新譯經系傳統中，密集金剛是無上瑜伽修行中最為重要的系統。龍樹菩薩在他的《五道》（*Pancakrama*）中闡明，密集金剛密宗是修行完成階段必經之路。

Heart-center 心之中心。這可以是心脈輪的統稱，也可以指心脈輪的中心，據稱作為無上瑜伽修行完成階段之基礎的細微風和活力能量集中在此中心的一個小圓圈裡。

Highest Yoga Tantra（梵文：*anuttarayogatantra*；藏文：*blana med pa'i rnyal 'byor*）無上瑜伽修行。根據新譯經系傳統，這是密宗理論和修行的最高系統。除了其他一些方面外，它的特點是操控活力能量的高級技術，使修行者可能在單一世期間獲得開悟。

Hippocampus 海馬體。大腦半球顳葉的深層結構。它涉及記憶的各個方面，最顯著的是整合和存儲有意識地理解了的資訊。

identitylessness（梵文：*nihsvabhavata*，*anatmata*；藏文：*rang bzhin med pa, bdag med pa*）。無自性有。無自性有或無我的觀念是佛教的關鍵性哲學概念。簡而言之，它源自於佛陀的深刻洞見，即蒙昧狀態之

根源是誤認為存在有一個永恆的、持久的自我，或本質，或身分。認識到其實不存在這樣的自我，就開啟了擺脫輪迴之苦或 *samsara* 的大門。

illusory body（梵文：*mayakaya*；藏文：*sgyu lus*）*幻身*。在佛教密宗系統中，幻身是高階修行者在觀想和進入中陰狀態時獲得的。她或他將極其細微之風，或活力能量作為主因，將心識作為協同條件，生成一種純粹的或不純粹的幻身。佛陀的報身實際上就是一個純粹的幻身。參見 *threekayas*。

imprints（梵文：*vasana*；藏文：*bag chags*）*印記*。也稱為 *bakchak*，意指潛在的習性。習氣或印記是業所產生的傾向性，根據瑜伽行系統，它存在於基礎意識之中。在遇到合適條件的時候，這些習氣就顯現出原來業的效果。

increase of appearance 參見 *eightfold process of dying/dissolution*（瀕死或解體的八重過程）。

intermediate state（中有）參見 *bardo*（中陰）。

isolation: body, speech, and mental *隔離：身，語，意*。密集金剛系統中完成階段分為五個階段，這是其中前三個階段。在獲得這三個階段後，就能獲得*明光*和*幻身*。最後這二者的結合就相當於成佛。

jealous god（嫉妒之神）參見 *asura*（阿修羅）。

Kalacakra Tantra 時輪金剛密宗。時輪金剛密宗也被認為屬於無上瑜伽系統。除了是一種重要的觀想修行外，時輪金剛密宗也是理解藏傳佛教數學、占星學和預言的重要來源。

karma（藏文：*las*）業。梵文術語業指行為及其在心智流中的印記。所涉及的行動可以是動作、語音或心理。在一般用法下，業指作為原因的行為全過程以及行為造成的結果。

lama（梵文：*guru*；藏文：*bla ma*）喇嘛。一位符合資質的靈性指導者或任何導師，在梵文中都可稱為 *guru*，在藏文中則被稱為喇嘛。

Lamarckian evolution 拉馬克演化論。法國博物學家讓·德·拉馬克提出的演化論。它基於這樣的假設，物種通過有機體的努力使自身適應新的條件，隨後將產生的變化傳給後代，由此得到物種的發展。

latent propensities（等流）參見 *imprints*（印記）。

lateralization 偏側化。大腦左半球或右半球認知功能的定位是偏側的。例如，大多數右撇子的語言能力方面，音素和句法處理以及語音輸出，被理解是由左半球控制的，而其他語言過程，如解釋、語調和比喻，被認為是由右半球控制的。

Madhyamaka 中觀學派。古印度佛教思想中四大哲學系統之一，中觀或中道，是由龍樹菩薩創建的。他提出所有人在終極意義

上的「無自性有」，通過兩個真相（慣常的和終極的）的觀念，提出了本質主義和虛無主義之間的「中間道路」。在中觀學派中有兩大派，即中觀應成派和中觀自續派。

magneticfieldrecording（*MEG*）磁場紀錄。和 EEG 的電場相應的磁場測量。

Mahayana（藏文：*theg pa chen po*）大乘。字面意義就是「大車」。大乘是古印度佛教中出現的兩個主要傳統之一，另一個傳統被定義為小乘 Hinayana，或「小車」。在西藏、中國、日本、朝鮮及越南的佛教的大乘佛教傳統中，一個關鍵觀念是利他心和慈悲心，堅持對一切有情眾生之福利的普世責任，認為這些對獲得開悟是至關緊要的。

Maitreya 彌勒佛。未來佛和諸佛慈悲的化身。他的名字按字面解釋就是「愛心佛」。另外有一位彌勒菩薩，是同名的歷史人物，他是幾部重要的大乘哲學經典的作者。

Marpa 瑪爾巴（*1012-1097*）。將印度和尼泊爾經典翻譯成藏文的重要譯者，噶舉派（*bka' brgyud*）的創始人，他將密集金剛密宗和其他重要的密宗教法引進了西藏。瑪爾巴的弟子米拉日巴成為西藏歷史上最著名的瑜伽師。

mental continuum（*心識之續流*）參見 *mindstream*（*心識流*）。

Milarepa（*1040-1123*）米拉日巴。藏傳佛教中最受尊崇的人物，

他年輕時曾是一名邪惡的巫師，在成為瑪爾巴弟子之前殺了很多人。歷經多年苦修和閉關，清除了他的惡行造成的業障，他悟道而成名師。他的詩作保存在《米蘭日巴十萬歌》中，他的傳記是西藏文學中最受歡迎的作品。

mind-only doctrine（唯識派）參見 *Yogacara*（瑜伽行）。

Mindstream（梵文：*santana*；藏文；*Rgyud*）*心識流*。意識的各個瞬間因果相連的心理連續體。心理瞬間的各個「流」，每個產生下一個，連續不斷地貫穿死亡、中陰和再生過程。

Nagarjuna（西元 2 世紀）*龍樹菩薩*。最重要的印度大乘佛教哲學家，據傳他從龍之地（land of nagas）得到了般若經，其後將其教法在中道或中觀哲學中使之系統化。龍樹也是一個重要的密宗作家的名字。

Naropa *那洛巴*。北印度那爛陀寺的著名學者，他放棄了自己的職業和名聲去做托鉢瑜伽師帝洛巴的徒弟。經歷了十二年的苦修之後，帝洛巴用自己的涼鞋當頭棒喝，將 *Mahamudra* 或「*大手印*」的完滿修行傳給了那洛巴。後來那洛巴成為瑪爾巴的導師，很多最重要的無上瑜伽修行法由此傳入西藏。

natural clear light（自然明光）參見 *clear light*（明光）。

natural pristine awareness（藏文：*rang bzhin kyi rig pa*）*俱生原始知覺*。在大圓滿和大手印修行系統中，這是指普通心識的本質。俱

生原始知覺得到辨識時，輪迴和涅槃的所有顯現都被認為是它的作用。

neuron *神經元*。神經元是神經系統最基本的信號單元。典型的神經元通過軸突將電化學資訊傳遞給其他神經元，通過名為樹突的纖維接收資訊。

New Translation lineage *新譯經系*。西元 10 世紀後佛教顯宗和密宗在西藏傳播的傳統叫新譯經系，以區別於 8 世紀和 9 世紀在西藏建立起來的舊譯系。它取自各種印度來源，這些來源有時候有所重疊。新譯經系後來成為薩迦派（由譯師八思巴創建），噶舉派（由瑪爾巴創建），和噶當派（由印度大師阿底峽創建），噶當派經宗喀巴復興而成為格魯派。

Nirmatzakaya（化身）參見 *three kayas*（三身）。

nirvatna（藏文：*mya ngan las 'das pa*）*涅槃*。根據藏文的解釋，涅槃意為「超越了一切痛苦和悲傷」，即脫離了苦難及其引起苦難的原因而獲得根本自由。這種自由只有當一切負面精神狀態、煩惱障和所知障都不再起作用的時候才能獲得。所以，涅槃有時候也叫做*斷除*（*nirodha*）或*解脫*（*moksa*）。

Nyingma order（*Tib. rnying ma pa*）*寧瑪派*。字面意思是「古老的派別」。寧瑪派是藏傳佛教最老的教派。西元 8 世紀後期由蓮花生大師創建，寧瑪派的教法即大圓滿法。

obscure phenomena（梵文：*viprakrstadharma*；藏文：*lkog gyur gyi chos*）
隱蔽分。印度佛教和藏傳佛教認識論傳統中事物（*dharma*）的三大
分類之一。隱蔽分就是通過正確的推斷但不經直接感知而確信其存
在的事物。例如，當你看到一棟房子的窗戶裡冒出濃烈的煙，你可
以正確地推斷房子裡著火了。

obstruction to knowledge（梵文：Jneyavarana；藏文：*shes bya'i tsgrib
pa*）*所知障*。一切輪迴之苦以及無法理解一切現象之無自性有的本
質，其原因是根本的愚昧。一旦這種障礙消除了，也消除了苦惱的
障礙，此人就被認為獲得了智慧。

occipital cortex/lobe *枕葉皮層／葉*。大腦皮層的最後部區域，
涉及視覺感官資訊的處理。

Padmasambhava *蓮花生大師*。印度的觀想修行大師，他在西
元 8 世紀藏傳佛教的弘法過程中起了至關緊要的作用。他以巨大的
神通力量降服藏地的神靈鬼怪，傳播密宗的教法著稱。

Parietal lobe *頂葉*。大腦皮層位於前部額葉和後部枕葉之間的
區域，處在顳葉上方。其最主要的功能包括是體感和視覺空間的資
訊處理。

pervasive energy *遍行氣，直譯即彌漫之能量*。體內的一種主
要能量或「風」，它等量地存在於全身。

positron emission tomography（PET）*正電子發射斷層掃描*（PET）。

一種大腦成像技術，它能夠產生 3D 圖片，用於在線大腦處理。它需要注入放射性物質，用作大腦活動示蹤劑。

Powa（破瓦法）見 *transfer of consciousness*（意識的轉移）。

Prāṇa（藏文：*rlung*）氣。在梵文中的意義是「風」或「呼吸」，氣指各種細微能量，能夠影響心身系統。在佛教密宗中，觀想修行者通過產生與完成的修練而控制這些氣或活力能量。最細微的活力能量形式就是最細微的心識本身，密宗修行的主要目標是試圖掌控這種最細微的能量，從而在最細微的層面上轉變心識。

Primary cortices 初級皮質。大腦皮層中處理單一感官資訊（即特定於單一感官模式的資訊，如視覺、聽覺、觸覺等）的區域。

primordial clear light（原始明光）參見 *clear light*（明光）。

primordial consciousness（初始意識）參見 *very subtle mind*（極細微心識）。。

Pristine awareness（藏文：*rig pa*）初始知覺。處於自然狀態的意識，未經概念構建、希望與恐懼、肯定與否定等等修改。它超越了所有二元性，與法身、佛心相同。

Prasangika Madhyamaka school 中觀應成派。印度大乘佛教思想中觀派的一個分支。中觀應成派跟佛護論師與月稱論師有關。多數西藏學者認為它最精準地代表了佛陀有關無自性有的教誨。與中

觀自續派不同的是，中觀應成派不接受獨立的演繹推理，因為在一個論證中術語的意義總是依賴於這些術語的解釋者。所以，所有假設存在自性的論證都可以導致不可接受的或者荒唐的結果。

REM sleep *快速眼球運動睡眠。*以快速眼動和不同步腦電圖紀錄為特徵的睡眠階段。這是最常與夢相關的睡眠模式。

phenomena（遙遠的現象）參見 *obscure phenomena*（難解的現象）。

rupakaya（藏文：*gzugs kyi sku*）字面意思是佛陀的「色身」，即形式上的身體。rupakaya 包括報身和應身，對應著高階靈性修行者察覺的身體和普通有情眾生察覺到的身體。參見 *three kayas*。

sadhana（藏文：*Sgrub thabs*）*修行。*任何形式的靈性修習。在密宗語境中。「修行」一詞通常指的是儀式經典和經文中的觀想技巧。在許多情況下，密宗修行包括觀想本尊瑜伽的技巧。

Sambhogakaya（報身）參見 *three kayas*（三身）。

samadhi（藏文：*ting nge 'dzin*）*三摩地。*一種深度觀想狀態，也翻譯為「止」「定」或「禪定」。在這種狀態下，心識能夠深刻地洞察它所集中的目標。

samsara（藏文：*srid pa'i 'khor lo*）*輪迴。*有條件的循環存在，一切有情眾生由於業和負面精神狀態的作用，沒有選擇地進入這樣的循環。輪迴也是一種尚未悟道或尚未覺醒的生存，這種生存伴隨著無

休無止的痛苦。

Sautrantika system 顯教或經教之乘。古印度佛教思想的四大哲學系統之一。根據顯教或經教之乘，實在最終是由不可簡約的實體組成，這些實體沒有空間外延性，也沒有時間的外延性。這些「粒子」是物質的，不可拆分；它也是瞬間的粒子，或精神性的，所以它們是瞬間的精神性時間。所以，雖然顯教或經教之乘不主張所有一切事物的無自性有，但是它卻主張自我或個人的無我性。

seizure 痙攣。一種異常的神經性放電（通常處於顳葉邊緣系統深處）突然影響了大量相鄰皮質組織，這種放電是低頻、緊密同步的。

Selflessness（無我）參見 *identitylessness*（無自性有）。

Skandhas（蘊）參見 *five aggregates*（五蘊）。

stage of completion（梵文：*nispannakrama*；藏文：*rdzogs rim*）圓滿次第。在無上瑜伽修行的第二及最終階段中，男瑜伽師和女瑜伽師將藉由細微氣脈、身體精華之瑜伽修練，逐漸體驗正覺，遠離妄念。

stage of generation（梵文：*utpattikrama*；藏文：*bskyed rim*）生起次第。在無上瑜伽的第一個階段生起次第時，男女瑜伽師會以各類的「自生儀軌」逐漸發展出明晰觀想自己為諸佛本尊，並多次反覆持誦咒語。亦可參見 *chosen deity, stage of compleation*（本尊，圓滿次第）。

substantial cause（梵文：*upadanahetu*；藏文：*nyer len gyi rgyu*）近取因。

一種特定結果的首要原因；例如，植物發芽需要存在很多條件，但近取因是種籽。

Subtle body *細微身體*。在無上瑜伽修行中，細微神經脈道的網絡，以及在這些脈道中運行的能量和細微精華。

Subtle channels *細微脈道*。細微能量和細微身體精華所運行的細微網絡。據稱在人體中有七萬二千條細微脈道。

subtle clear light（細微明光）參見 *clear light*（明光）。

subtle consciousness（細微意識）參見 *subtle energy-mind*（細微能量—心識）。

subtle energy-mind *細微能量—心識*。細微身體的最細微的組成，既指細微活力能量，也指細微心識。細微能量—心識也指*明光*，這是不間斷地從一世轉移到下一世的心識—身體連續體。有些人認為這是位於心臟中心位置的一個小圓圈中。

subtle mind（細微心識）參見 *subtle energy-mind*（細微能量—心識）。

sutra *佛經*。在梵文和其他語言中保存的佛陀的公開教誨。當術語 *Sutra* 和另一個術語 *tantra* 一起用的時候，也可以指除了密宗金剛乘（*Vajrayana*）祕密教法之外的整個佛教哲學和修行系統。

Sutrayana *顯教之乘*，直譯為「經教之乘」（*Sutra Vehicle*），即

依賴顯教的哲學、倫理，以及禪修系統，或佛陀深奧的教言所取的正覺之道。依循顯教之乘，可於一生內獲得解脫阿羅漢的果位（*arhatship*），或經三大阿僧祇劫圓滿正等正覺的果位。亦可參見*佛教密乘，金剛乘*（*TantricBuddhism，Vajrayana*）。

***Svatantrika Madhyamaka** 中觀自續派*。印度大乘佛教思想中中觀學派的一個分支，中觀自續派和清辯論師關係最為緊密。這個學派著名的觀點是接受自主（*svatantra*）的演繹論證，在這樣的論證過程中，術語的意義可以慣常地獨立於演繹的解釋者本身。由此，事物就具有日常慣常意義層面上的內在身分。

***synapses** 突觸*。兩個神經元之間交流的專門場所。突觸可分為化學或電學，這取決於信號傳遞的機制和／或突觸的特性。

tantra（藏文：*rgyud*）*密續*。在梵文中，其字面意義是*連續或線索*，這一術語指保存在梵文和其他文字中的佛陀的祕密教法和修行。

***Tantric Buddhism** 佛教密宗*。依賴於佛陀神祕的密宗教法而走向覺醒之路：也稱為*咒乘*（*Mantrayana*），*密乘*（*Tantrayana*），*金剛乘*（*Vajrayana*）。密宗佛教有很多方面和很多層面，但是它們共同的思想是控制身體內的氣，或活力能量，作為一種重現死亡過程的手段，如用最細微層面的心識觀想無我。密宗宗教最著名的可能是運用本尊瑜伽的技術，但是這也只是密宗瑜伽很多組成內容之一。參見 *deity yoga, prāṇa, Vajrayana*。

temporal lobe 顳葉。大腦枕葉前部、頂葉下側的區域。它的皮層功能包括高階視覺處理和視覺資訊的注意力選擇。皮層下功能包括學習、記憶和情緒處理等方面。

thalamus 丘腦。由一組高度專門化的分結構，或核，組成的中腦結構。它的聯繫是相互的；傳入的感官資訊經過濾而分配到適當的初級皮質區域以供進一步處理（自下而上），而高階皮質處理則通過丘腦，影響感官數據的選擇和感知（自上而下）。

three kayas（梵文：*trikaya*；藏文：*sku gsum*）三身。三種 *kayas*，或三種身體的思想，代表了大乘佛教對完美開悟，或成佛，之本質的理解。法身，或自性身，是佛覺醒之最終實在的終極擴展；這也是佛的終極心識。報身，或受用身，是留在完美存在領域的開悟心識的形式。這種細微的形式只有高級靈性修行者才能夠知覺。應身，或變化身，是佛陀能夠為普通有情眾生如我們自己所察覺的佛陀形式。

three poisons 三毒。這是基本的負面的精神狀態，如欲望（貪）、憎恨（嗔）、執念（痴）。

transfer of consciousness（藏文：*pho ba*，讀音：powa）破瓦法，即*意識的轉移*。瀕死時用的一種方法，引導自己或另一個人的意識走向快樂的再生，最典型的是走向無量光佛阿彌陀佛的極樂世界。

transmitter 遞質。神經元軸突末端向突觸所釋放的化學物質。

遞質穿過突觸與位於突觸後神經元的樹突或細胞體上的受體化學物質相結合。

Tsongkhapa（*1357-1419*）宗喀巴。藏傳佛教格魯派創始，他復興了噶當派的傳統。（見*新譯經傳承*）在新譯經傳統的經乘和金剛乘系統中做了廣泛的研究，修行、寫作和傳授。宗喀巴大師在他不朽的有關龍樹菩薩和月稱論師的評論作品中解釋了中觀或中道哲學，對藏傳哲學各流派的發展都有巨大的影響。

Vaibhasika 毘婆沙。古印度佛教思想的四大哲學體系之一。毘婆沙系統認為，宇宙是由有限的不可簡約、稱之為 *dharmas* 的元素組成的。一切複合物都可以簡約為這些元素，它們無論過去、現在、還是將來都擁有不變的身分。所以，雖然毘婆沙系統並不主張所有事物的無自性有，但是主張自我或個人的無我性。

Vajrayana 金剛乘。梵文中的字面意思是「堅不可摧的現實之車」，金剛乘是佛教密宗之道的名稱。在此語境下，術語金*剛*指的是一切現象之天然無自性有的不滅真相，它被用作覺醒的載體。例如，通過觀想和誦經，身體化為本尊之身，語言轉化為證悟之語。參見 *Tantric Buddhism* 佛教密宗。

vase breathing/vase meditation 寶瓶氣寶瓶觀想。一種瑜伽修習，收縮橫膈膜屏住呼吸使之成為一個寶瓶形狀，以加快修行者在圓滿次第培養*內在熱量*的過程。

very subtle consciousness（極細微意識）參見 *very subtle mind*（極細微心識）。

very subtle mind 極細微心識。在金剛乘中，極微細心識就是明光。通過學習如何控制活力能量，就能學到如何識別極細微心識並用它來觀想實在的終極無自性有。

Very subtle mind-energy 極細微心氣。金剛乘認為，極細微心識和極細微活力能量的連續體就是自我認定的最細微基礎。

vestibular system of body balance 身體平衡的前庭系統。位於內耳，涉及維持平衡能力的感覺器官（半規管）。

vital energy（活力能量）參見 *prāṇa*（氣，元氣）。

wind, bile, phlegm 風疾、膽疾、液疾。阿育吠陀和藏醫理論中的三種體液。膽疾跟熱和憤怒情緒有關，液疾跟冷和無知情緒有關，而風跟欲望情緒有關。

yoga 瑜伽。在梵文中，瑜伽意為「結合」。能夠跟開悟狀態結合的任何方法都是瑜伽。

Yogacara 瑜伽行唯識派。一個強調觀想之現象學的印度大乘佛教哲學流派。瑜伽行唯識派將心識分析為八種意識，其中五種是感官性的，三種是精神性的，包括根本意識。這一學派以「唯有心識」（*cittamatra*）的理想觀念而著稱，一切現象學顯現都理解為籍由業而

在心識流的習氣中產生。

　　yogi/yogini 男瑜伽士或女瑜伽士。意指修練瑜伽的男性／女性；在藏傳語境中，這一術語指高階密宗修行者。

鷹之魂 3

睡眠、夢和死亡過程：
科學家與達賴喇嘛探討意識問題的對話
Sleeping, Dreaming and Dying

作　　　著　佛朗西斯科‧瓦瑞拉 Francisco J. Varela
譯　　　者　丁一夫
審　　　訂　蔣揚仁欽、李江琳

總　編　輯　成怡夏
責 任 編 輯　成怡夏
校　　　對　李仲哲
行 銷 總 監　蔡慧華
封 面 設 計　莊謹銘
內 頁 排 版　宸遠彩藝

出　　　版　遠足文化事業股份有限公司 鷹出版
發　　　行　遠足文化事業股份有限公司（讀書共和國出版集團）
　　　　　　231 新北市新店區民權路 108 之 2 號 9 樓
　　　　　　客服信箱　gusa0601@gmail.com
　　　　　　電話　02-22181417
　　　　　　傳真　02-86611891
　　　　　　客服專線　0800-221029

法 律 顧 問　華洋法律事務所 蘇文生律師
印　　　刷　成陽印刷股份有限公司

初 版 一 刷　2023 年 3 月
初 版 二 刷　2024 年 1 月
定　　　價　400 元
I S B N　9786267255087（平裝）
　　　　　　9786267255070（ePub）
　　　　　　9786267255063（PDF）

國家圖書館出版品預行編目 (CIP) 資料

睡眠、夢和死亡過程：科學家與達賴喇嘛探討意識問題的
對話 / 佛朗西斯科 . 瓦瑞拉 (Francisco J. Varela) 編著 . -- 初版 .
-- 新北市 : 遠足文化事業股份有限公司鷹出版 : 遠足文化事
業股份有限公司發行 , 2023.03
　面；　公分 . -- (鷹之魂 ; 3)
譯自：Sleeping, Dreaming and Dying
ISBN 978-626-7255-08-7(平裝)

1. 宗教與科學　2. 意識　3. 佛教心理學

200.16　　　　　　　　　　　　　　　　112000365